Flughafen Tempelhof

Frank Schmitz

Flughafen Tempelhof

Berlins Tor zur Welt

be.bra verlag
berlin.brandenburg

Dank an Gabriele Dietz (be.bra Verlag), Ulrich Kratz-Whan (Kultur Büro Berlin), Friedrich Kalweit und Dieter Nickel (Berliner Flughafengesellschaft mbH), der Gesellschaft zur Bewahrung von Stätten deutscher Luftfahrtgeschichte e.V., Dietmar Arnold (ArGe Berliner Unterwelten), Jan Maruhn, Robert Habel, Leni und Dieter Schmitz sowie die Mitarbeiter der Bildarchive.

Frank Schmitz

Die Deutsche Bibliothek - CIP-Einheitsaufnahme

Schmitz, Frank:
Flughafen Tempelhof : Berlins Tor zur Welt / Frank Schmitz. - Berlin
be.bra-Verl., 1997
  ISBN: 3-930863-32-4

© be.bra verlag GmbH Berlin-Brandenburg, 1997
Zehdenicker Straße 1, 10119 Berlin
Lektorat: Gabriele Dietz, Berlin
Gesamtgestaltung: Uwe Friedrich, Berlin
Bildbearbeitung: Marita Friedrich, Berlin
Schrift: Stone Sans 10/15
Druck und Bindung: Universitätsdruckerei H. Stürtz, Würzburg
ISBN: 3-930863-32-4

Inhalt

Zu diesem Buch

Berlin ist eng verbunden mit der Geschichte der Luftfahrt, ist eine der Wiegen des zivilen Flugverkehrs. Allein sechs Flughäfen hatte die Stadt seit Beginn des Jahrhunderts: den ersten Flughafen Deutschlands in Johannisthal, die ehemaligen Flughäfen Staaken und Gatow und die heutigen Flughäfen Tegel, Schönefeld und Tempelhof. Zahlreiche Pioniere der Luftfahrt haben Berlin besucht, hier gearbeitet oder ihre Flugmaschinen vorgestellt, unter ihnen Otto Lilienthal, die Gebrüder Wright und Graf Zeppelin. Die berühmtesten Luftfahrzeuge der Welt sind in Berlin gelandet, manche nach Rekordflügen. Die Ankunft der berühmten Zeppelin-Luftschiffe ist von hunderttausenden Berlinern gefeiert worden. Weitgehend vergessen ist heute hingegen, daß Berlin auch eine Produktionsstätte von Flugzeugen und Luftschiffen war.

Der Flughafen Tempelhof nimmt in der Berliner Luftfahrtgeschichte einen besonderen Stellenwert ein. Vom Architekten Sir Norman Foster als »Wiege der deutschen Luftfahrt« und »Mutter aller Flughäfen« bezeichnet, ist Tempelhof einer der bekanntesten Flughäfen Deutschlands und mit dem Schicksal Berlins so eng verbunden wie kaum ein anderer Flughafen mit einer Stadt. Diese Verbundenheit geht unter anderem zurück auf die Zeit der Berliner Luftbrücke, die ohne den Flughafen Tempelhof nicht denkbar gewesen wäre. Nach der Teilung Deutschlands wurde Tempelhof für lange Jahre das »Tor zur Welt« der Inselstadt West-Berlin, nur von hier war eine Reise in die Bundesrepublik ohne Kontrolle möglich. So sind bis heute viele Emotionen an den Flughafen geknüpft, die gelegentlich auch die Diskussion um die Schließung Tempelhofs beeinflussen.

Die Geschichte des Flughafens Tempelhof ist mehr als die Geschichte eines der größten Gebäudekomplexe der Welt. In ihr spiegelt sich Luftfahrtgeschichte, Berliner und auch deutsche Geschichte.

Frank Schmitz
Berlin, im September 1997

Tempelhof und die Geschichte der Luftfahrt

Vom Rübenacker zur Paradepappel: Das Tempelhofer Feld

Flugplanmäßig um 10:30 vormittags erhob sich der silbergraue Junkers-Aluminiumvogel, gesteuert von dem Chefpiloten Aland, besetzt mit zwei Passagieren, und zog im Scheine der eben aus dem Dunst auftauchenden Sonne nach einer Ehrenrunde in der Richtung auf München zu davon.«[1]

Was hier beschrieben wird, ist der erste Linienflug, der am 8. Oktober 1923 vom Flughafen Tempelhof startet. Schon wenige Jahre später ist Tempelhof einer der größten Flughäfen der Welt. Der Name, unter dem er eingeweiht wird, lautet »Flughafen Tempelhofer Feld«.

Zu diesem Zeitpunkt hatte das Tempelhofer Feld bereits eine jahrhundertelange Geschichte. Ursprünglich etwa doppelt so groß wie das heutige Flughafengelände, erstreckte es sich im Westen bis zur Grenze nach Schöneberg, den Gleisen der Nord-Süd-Bahn. Das Tempelhofer Feld wurde vor allem landwirtschaftlich genutzt durch Äcker und Viehweiden, die Bauern aus dem Dorf Tempelhof bewirtschafteten. Auf dem Gelände gab es einen kleinen See, den »Franzosenpfuhl«.

Der Soldatenkönig Friedrich Wilhelm I., der Vater Friedrichs des Großen, nutzt das Tempelhofer Feld 1722 erstmals zu militärischen Zwecken. Die Berliner Garnison hält dort eine Parade ab. In den darauffolgenden Jahren finden auf dem Tempelhofer Feld regelmäßig Paracen, Manöver und Musterungen statt, zunächst für etwa 14 Tage im Jahr. Die Bauern bekommen für die entstandenen Schäden an ihren Feldern Entschädigungen. Doch in den folgenden Jahrzehnten weitet sich die Nutzung durch die Garnison immer mehr aus, so daß die Bauern gegen die Zerstörung ihrer Existenzgrundlage protestieren. Nach langem

Das Tempelhofer Feld: Gardeluftschiffer beim Erkunden von Luftströmungen, 1907.

Schafherde auf dem Tempelhofer Feld, um 1900 (rechts die Berliner Straße, heute Tempelhofer Damm).

Streit kauft der Militärfiskus 1827 schließlich einen Großteil des Feldes von der Gemeinde Tempelhof und den Bauern, und von nun an wird das erworbene Gelände ausschließlich als Parade- und Manöverfeld genutzt. Die Soldaten kommen zu den Paraden eigens aus ihren Kasernen in Berlin und Potsdam. Erst ab Mitte des 19. Jahrhunderts werden große Kasernenbauten am Rand des Feldes angelegt.

Paraden auf dem Tempelhofer Feld finden aus den verschiedensten Anlässen statt. So gibt es eine zur Hochzeit Friedrichs des Großen, aber auch Staatsbesuche bieten häufig Gelegenheit zu Truppenschauen. Zusammen mit August dem Starken nimmt Friedrich Wilhelm I. am 31. Mai 1728 auf dem Tempelhofer Feld eine gewaltige Parade ab, eine der größten des 18. Jahrhunderts. 16.000 Soldaten marschieren anläßlich des Besuchs des Kurfürsten von Sachsen und Königs von Polen über den Platz. Das Tempelhofer Feld ist ein Exerzier- und Paradeplatz, Kampfhandlungen haben hier nicht stattgefunden. Mit einer Ausnahme: während des Siebenjährigen Krieges (1756-63), beim Sturm auf Berlin im Oktober 1760, liefern sich hier russische und preußische Truppen kleinere Gefechte. Im Deutsch-Französischen Krieg 1870/71 wird auf dem Tempelhofer Feld eine Barackensiedlung als Lazarett errichtet. Über 4.000 Verwundete und Kranke werden hier bis zum April 1871 behandelt. Noch während dieses Krieges wird das

Deutsche Reich gegründet und der Preußische König Wilhelm I. in Versailles zum Deutschen Kaiser ausgerufen. Der umjubelte Einzug des Kaisers am 16. Juni 1871 in Berlin wird mit einer großen Truppenparade auf dem Tempelhofer Feld gefeiert. Zehn Jahre später findet auf dem Tempelhofer Feld eine Parade nicht nur vor einem Kaiser statt, sondern gleich vor dreien. Anläßlich des Abschlusses des Dreikaiservertrages besuchen 1881 Kaiser Franz Joseph von Österreich und Kaiser Alexander II. von Rußland gemeinsam mit Wilhelm I. das Paradefeld.

Im Rahmen der militärischen Nutzung des Tempelhofer Feldes entstehen etwa seit 1850 Kasernenbauten an den Rändern des Geländes, diese Gebäude sind teilweise bis heute erhalten. Ein zusammenhängender Komplex

von Kasernenbauten ist noch am Nordrand des Columbiadamms zu sehen, die 1895-97 entstandenen Bauten des »Königin Augusta Garde-Grenadier-Regiments Nr. 4«. Heute werden sie von der Polizei-Direktion 5 genutzt. Teilweise erhalten ist auch eine Gruppe von Kasernengebäuden am ehemaligen, heute bebauten Westrand des Tempelhofer Feldes, unweit des S-Bahnhofs Papestraße. Die Bauten stammen aus den Jahren 1894-1907; es handelt sich um Kasernen des Eisenbahner-Regiments und der 1883 gegründeten Luftschifferabteilung der Berliner Garnison. Die Luftschifferabteilung ist eine Ballonfahrerabteilung, denn Luftschiffe im heutigen Sinne gibt es um 1880 noch nicht, die Abteilung erprobt Gasballons im Hinblick auf eine militärische Nutzung. Im Jahre 1900 wird die Abteilung in

Kaiser Wilhelm I. auf dem Tempelhofer Feld, 1871.

A.v.Roessler - Die erbeuteten Fahnen a.d. Tempelhofer Felde.

die Jungfernheide verlegt und erhält dort neue Kasernenbauten. Die Ballonflüge der Luftschifferabteilung sind eine Attraktion auf dem Tempelhofer Feld. Um die Jahrhundertwende ist die Ballonfahrerei zwar nichts Neues mehr, aber am Zuschauen erfreuen sich die Städter trotzdem gern. Vor allem der nördliche Teil des Geländes ist im Laufe des 19. Jahrhunderts zu einem beliebten Naherholungsgebiet der Berliner geworden, welches besonders am Wochenende das Ziel von Ausflügen ist. Auch Vergnügungseinrichtungen in unmittelbarer Nähe des Tempelhofer Feldes machen seine Attraktivität aus, so etwa das 1829 eröffnete »Tivoli« in der Nähe des Kreuzberges.

Bis zum Ersten Weltkrieg wird das Tempelhofer Feld als Paradeplatz genutzt. »Schon sehr früh waren heute die Straßen zum Paradefeld außerordentlich belebt. Morgens 5 Uhr rück-ten aus den südwestlichen Vororten die Potsdamer Kavallerie und Artillerie und die Artillerie von Beeskow, die dort einquartiert gewesen waren, nach dem Paradefeld aus. Zwischen 6 und 7 Uhr trafen auf dem Potsdamer Bahnhof, dem Militärbahnhof und dem Lehrter Bahnhof die Fußtruppen aus Lichterfelde, Spandau und Potsdam ein. Die Charlottenburger kamen zu Fuß.«[2]

Ein Zuschauer beschreibt eine der Paraden so: »Da waren wir natürlich immer dabei. Es wurde alles betrachtet, die Garde aus Potsdam mit ihren hohen Blechmützen und weißen Hosen – die Soldaten durften sich auf der Fahrt von Potsdam nach Berlin nicht setzen, damit ihre Uniformen nicht gedrückt wurden –, vor allem aber die Kürassiere vom Garde du Corps. Die Reiter trugen einen blanken Küraß und auf dem Helm einen goldenen Adler. Und dann

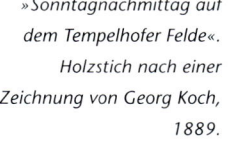

»Sonntagnachmittag auf dem Tempelhofer Felde«. Holzstich nach einer Zeichnung von Georg Koch, 1889.

Infanterie-Parade auf dem
Tempelhofer Feld, um 1913.

Lazarett am Nordrand
des Tempelhofer Feldes,
um 1915.

die Musiker! Mit der einen Hand hielten sie das Instrument, mit der anderen die Zügel. Das Glanzstück aber war der Kesselpauker, der hatte rechts und links eine Pauke und in jeder Hand einen Paukenschlegel. Sein Pferd mußte er mit den Füßen lenken.«[3]

Noch Wilhelm II. nimmt hier alljährlich Paraden ab, während er auf seinem Pferd im Schatten einer Pappel sitzt. Der Baum heißt deshalb Kaiserpappel oder Paradepappel, er steht etwa 200 Meter östlich des Tempelhofer Damms, unweit der Einmündung der Paradestraße. Erst in den dreißiger Jahren wird die

Pappel gefält. Eine der letzten großen Veranstaltungen der Kaiserzeit auf dem Paradeplatz ist ein Feldgottesdienst anläßlich des 25jährigen Regierungsjubiläums Wilhelms II. am 15. Juni 1913.

Nach Ausbruch des Ersten Weltkrieges wird auf dem Tempelhofer Feld erneut ein Lazarett errichtet, wie schon während des Deutsch-Französischen Krieges 1870/71. Bis 1918 finden hier Übungen der Berliner Garnison statt. Mit ihnen endet die militärische Nutzung dieses gewaltigen Areals, beinahe 200 Jahre nach der ersten Parade des Soldatenkönigs.

Die ersten Flugversuche

Im Jahre 1883 finden auf dem Tempelhofer Feld erstmals Flugversuche statt, vierzig Jahre vor der Eröffnung des Flughafens. Der Konstrukteur, der diese ersten Versuche unternimmt, ist der Schweizer Maler Arnold Böcklin. Er beschäftigt sich seit 1853 mit der Entwicklung von Gleitern, allerdings ohne durchschlagenden Erfolg. Mit seiner Begeisterung für die Luftfahrt steht Böcklin in einer jahrhundertelangen Tradition von Künstlern: Leonardo da Vinci und Francisco de Goya hatten ebenfalls Flugmaschinen entwickelt, allerdings waren sie nicht zur Umsetzung ihrer Pläne gelangt. Im August 1883 stellt Böcklin seinen Gleiter erstmals auf dem Tempelhofer Feld vor. Doch schon vor den Flugversuchen wird das Fluggerät von Windböen zerstört.

Erneute Versuche folgen 1884 und 1887, doch auch sie scheitern. Als Interessenten für die Produktion seines Gleiters will Böcklin das Militär gewinnen, er erhält von mehreren Offizieren der Luftschifferabteilung Unterstützung. Die Entwicklung der Luftfahrt wird immer wieder im Hinblick auf eine Nutzung zu Kriegszwecken beobachtet, und das nicht nur in Preußen. Große Fortschritte in der Flugtechnik sind häufig auf eine Förderung durch Kriegsministerien zurückzuführen.

Auch bei Vertretern der Wissenschaft sucht Böcklin Anerkennung. Er berichtet dem Berliner Physiker Hermann L. F. Helmholtz von seinen Versuchen. Der reagiert zunächst skeptisch: »Im Anfang glaubte ich es mit einem dilettantischen Schwärmer zu tun zu haben, denn alles, was er vorbrachte, war so unwissenschaftlich ausgedrückt als nur irgend möglich. Als ich aber dann die ganze Sache prüfte, überraschte mich die Klarheit, mit welcher der Maler ohne positive mathematische Vorkenntnisse Formeln zum Ausdruck brachte, deren Richtigkeit ich anerkennen mußte.«[4]

Arnold Böcklin, inzwischen gezeichnet von mehreren Schlaganfällen, lernt 1894 in Berlin Otto Lilienthal kennen. Den Glauben an die Verwirklichung eines Gleitfliegers hat Böcklin nie verloren, nun kann er sich von der Richtigkeit seiner Theorien überzeugen. Lilienthal ist mit den von ihm entwickelten und erprobten Gleitern einer der Väter des Flugzeugs. Die Ergebnisse seiner Forschungsarbeit beschreibt er in seinem 1889 erschienen Buch »Der Vogelflug als Grundlage der Fliegekunst«, das wegweisend für unzählige Luftfahrtpioniere wird. Die entscheidende Leistung Otto Lilienthals ist die Entdeckung der gewölbten Tragfläche, die dem Vogelflügel nachempfunden ist. Gustav Lilienthal, der schon an den Versuchen seines berühmteren Bruders Otto mitgewirkt hatte, setzt auch nach dessen Tod 1896 die Arbeit fort. Er beschäftigt sich mit der Entwicklung eines Schlagflügel-Flugzeugs, das die Flugbewegungen eines Vogels nach-

Otto Lilienthal nach einem Flug von seinem Fliegeberg in Lichterfelde, 1895.

*Hermann Wölfert vor
seinem Luftschiff auf dem
Tempelhofer Feld, 1897.*

ahmt. Versuche mit diesem Gerät unternimmt Gustav Lilienthal bis in die zwanziger Jahren hinein auf dem Tempelhofer Feld.

Auch Luftschiffe werden auf dem Paradefeld in Tempelhof der Öffentlichkeit vorgestellt. Seit den ersten Ballonfahrten der Brüder Montgolfier 1783 gab es viele Versuche, diese Fluggeräte lenkbar zu machen und damit unabhängig von Windrichtungen. Aus diesen Versuchen mit Gasballons entwickeln sich Luftschiffe, die bis dahin kugelrunden Ballons erhalten ab Mitte des 19. Jahrhunderts eine aerodynamische längliche Form und Motoren als Antrieb.

Das erste Luftschiff in Deutschland präsentiert 1896 der Konstrukteur Hermann Wölfert im Rahmen der Gewerbeausstellung in Berlin-Treptow; erst Jahre später wird Graf Zeppelin seine berühmten Luftschiffe konstruieren. Das Wölfertsche Luftschiff ist 28 Meter lang bei einem maximalen Durchmesser von 8,50 Metern. Wie bei Gasballons befindet sich der »Pilot« in einem Korb an der Unterseite des Luftschiffs. Angetrieben wird es von einem Benzinmotor mit einer Leistung von 8 PS – der Einsatz von Benzinmotoren bedeutet eine Revolution in der Luftfahrt. Gerade zehn Jahre ist es her, daß Carl Benz ein benzingetriebenes Automobil entwickelt hat. Erstmals werden nun auch Fluggeräte mit diesen Motoren ausgestattet, welche die Steuerung der Luftschiffe ermöglichen. Die längst bekannten Dampfmaschinen waren zu schwer für den Einsatz in der Luftfahrt.

Im Jahr nach der Gewerbeausstellung führt Wölfert sein Luftschiff »Deutschland« auf dem Tempelhofer Feld vor. Am 12. Juni 1897 folgen zahlreiche Mitglieder der Militärverwaltung

Das Zeppelin-Luftschiff LZ 6 über dem Berliner Schloß, 1909.

seiner Einladung zu einer Vorführung, denn auch Wölfert spekuliert auf eine militärische Verwendung, zumindest auf einen Ankauf seines Patentes durch den Staat.

»Fast atemlos verfolgte die Menge stehend, auf kleinen Klappstühlchen die Hälse reckend oder in ihren Kutschen sitzend, das Abheben des Flugkörpers. Als der Motorballon im zweiten Anlauf einige Meter über dem Boden schwebte, brach sie in brausende Hochrufe aus. Höher und höher stieg das Luftschiff, Wölfert wollte über dem Gesamtgelände des Tempelhofer Feldes dessen Wendigkeit zeigen. Ruhig fuhr er mit dem Winde auf den Ringbahnhof Tempelhof zu, da züngelte plötzlich eine Flamme vom Motor zum Ballon empor, und nur Sekunden später explodierte das Luftschiff. Ein einziger Schrei des Entsetzens stand über dem Tempelhofer Feld. An der Ringbahnstraße stürzte es brennend herunter. Beide Insassen starben den Fliegertod.«[5] Noch kurz vor dem Start hatte Wölfert erklärt: »Das ist meine letzte Fahrt, entweder sie glückt oder ich bin eine Leiche.«[6]

Die Konstrukteure von Luftschiffen lassen sich von diesen Rückschlägen nicht entmutigen. Schon am 3. November 1897 wird das Luftschiff des Österreichers David Schwarz auf dem Tempelhofer Feld vorgestellt. Das Neue an dem Schwarzschen Luftschiff ist, daß es eine starre Konstruktion aus Aluminiumstreben besitzt, ein Prinzip, das sich später auch bei den Luftschiffen Graf Zeppelins durchsetzt. Dies gilt als die Geburt der Verwendung von Aluminium in der Luftfahrt. Graf Zeppelin ist an diesem Novembertag einer der Zuschauer auf dem Tempelhofer Feld. Das Wölfertsche Luftschiff besaß noch keine starre Konstruktion, es war ein sogenanntes »Prall-Luftschiff«, ein länglicher Ballon, der seine Form erst durch die Gasfüllung erhielt.

Nicht nur beim Militär stößt die Präsentation des Schwarzschen Luftschiffs auf Interesse. Wilhelm II. ist technischen Neuerungen gegenüber aufgeschlossen und will sogar an der Jungfernfahrt teilnehmen, doch zur Mitnahme von Passagieren eignet sich das Luftschiff nicht. Das stellt sich als eine glückliche Fügung heraus, denn während des Fluges rutscht ein Antriebsriemen von der Riemenscheibe und das Luftschiff treibt steuerungslos bis nach Wilmersdorf ab, wo es notlandet. Die Fahrt endet zwar für den Luftschiffer glimpflich, von einem Erfolg kann aber nicht gesprochen werden. Immerhin bleibt Wilhelm II. der zweifelhafte Ruhm erspart, Gast dieser Jungfernfahrt gewesen zu sein.

Das erste verkehrstaugliche Luftschiff entsteht im Jahre 1900 in Friedrichshafen am Bodensee, der LZ 1 des Grafen Ferdinand von Zeppelin (1838-1917). LZ 1 ist in seinen Abmessungen um ein Vielfaches größer als das Wölfertsche und das Schwarzsche Luftschiff, es mißt 128 Meter in der Länge und fast 12 Meter im Durchmesser. Es ist leistungsfähiger als seine Vorgänger, es kann höher, schneller,

weiter fliegen und zudem Passagiere befördern. Für mögliche Interessenten hält auch
Graf Zeppelin zunächst das Militär, eine zivile
Nutzung der Luftschiffe im Passagierverkehr
strebt um die Jahrhundertwende noch niemand an. Erst als das Kriegsministerium sich
deutlich ablehnend zeigt, wird auf Passagierverkehr mit Luftschiffen gesetzt. Die ersten
regelmäßig beflogenen Routen in Deutschland werden 1910 eröffnet.

In den Jahren nach 1900 entstehen auch in
Berlin mehrere Luftschiffwerften. So werden
ab 1910 in Biesdorf bei Berlin Luftschiffe von
Siemens-Schuckert hergestellt, in Zeesen bei
Berlin die der Firma Schütte-Lanz. In der Jung-
fernheide befindet sich von 1906 bis 1918 der
Hauptsitz der Firma Parseval, die insgesamt 27
Luftschiffe fertigstellte. Ihr Leiter, August von
Parseval ist von 1912 bis 1936 Professor für
Luftschiffbau an der TH Berlin. Obwohl auch
andere europäische Länder Luftschiffe produ-
zieren, sind die Zeppeline international die er-
folgreichsten. Nicht zufällig sind die Zeppelin-
Luftschiffe »Hindenburg« und »Graf Zeppelin«
bis in die 30er Jahre hinein die einzigen Luftfahrzeuge, die den Atlantik regelmäßig im
Passagierverkehr überqueren können.

Das erste große Luftschiff, das die Berliner zu
Gesicht bekommen, ist das Zeppelin-Luftschiff
LZ 6. Gestartet war es in Friedrichshafen, nach
dreitägiger Fahrt absolviert es 1909 in einem
Paradeflug über Berlin. Es ist eine der ersten
Fahrten des LZ 6, die Jungfernfahrt liegt erst
wenige Tage zurück. In der Gondel: der Er-
bauer, Graf Zeppelin. Das neueste Luftschiff
aus der Zeppelinwerft in Manzell am Bodensee ist mit einer Länge von 136 Metern und einer Höchstgeschwindigkeit von 50 km/h

schneller und größer als alle seine Vorgänger.
Ganz Berlin fiebert der Ankunft der fliegenden
Riesenzigarre am 29. August 1909 entgegen.
Als das Luftschiff im Süden Berlins in Sicht-
weite kommt, gerät man in der Stadt außer
sich. Die Kirchenglocken leuten, die Feuer-
wehrsirenen heulen, und die Stadtkapelle
spielt auf dem Dach des Roten Rathauses das
Deutschlandlied. Mehr als 250.000 Berliner
hatten stundenlang auf dem Tempelhofer Feld
gewartet, obwohl das Luftschiff dort nicht landen sollte, sondern sich nur in einem kurzen
Schauflug präsentiert. Dennoch schlägt dem
LZ 6 und seinem Konstrukteur Graf Zeppelin
auf dem Tempelhofer Feld ungebremste Sym-
pathie entgegen:

»Erfurcht, Erstaunen, Verblüffung hatten sich
der ungeheuren Menge bemächtigt. Dann
aber ging es los! Der tosenden Meeresbran-
dung gleich, erhob sich ein Jubelsturm und
erschütterte die Luft in einem gewaltigen
Gleichklang aus hunderttausend Kehlen. Man
wußte kaum noch, wie man der freudigen
Erregung Ausdruck geben sollte. Schließlich
ging man sogar zum Händeklatschen über.
Aus der vorderen Gondel wurde, als Entgeg-
nung, etwas Weißes geschwenkt, ein Tuch
oder eine Mütze. ›Hurrah, hurrah, Graf Zeppelin winkt. ‹«[7]

*Graf Zeppelin (mit weißer
Mütze) in der Führergondel
des Luftschiffes »Sachsen«,
um 1915.*

Schließlich landet LZ 6 in der Jungfernheide, unweit der Kasernen des Luftschifferbataillons, wo Graf Zeppelin vom Kaiser empfangen wird. Auch der Kaiser verleiht seiner Begeisterung Ausdruck und begrüßt den Grafen mit dem Ausruf »Seine Exzellenz, Graf Zeppelin, hurra, hurra, hurra!«[8]

Die Vossische Zeitung widmet am folgenden Tag dem Ereignis unter der Überschrift »Der Zeppelin-Tag« ihre Titelseite. Der Kommentar zeigt, daß das Luftschiff eine regelrechte nationale Euphorie ausgelöst hatte: »Die Erfüllung einer Sehnsucht war es, die er den Berlinern beschied. Er führte uns ein Werk vor, um das die Welt uns beneidet, er brachte einen Mann in unsre Mitte, dessen Name unauslöschlich sein wird in der Geschichte des menschlichen Geistes. Aus dem äußersten deutschen Süden nach dem deutschen Norden kam das Zauberschiff herangefahren. Ein glückhaft Schiff, weil ihm alle Herzen entgegenschlagen, weil es Freude bringt, wo es sich zeigt, weil es hoch schwebt über den Parteiungen und weil es um alle Deutschen ein Band einmütiger Begeisterung und beseligender Bewunderung schlingt.«[9]

Anders als im Luftschiffbau ist Deutschland im Flugzeugbau nicht führend, Frankreich ist zu dieser Zeit die europäische Luftfahrtnation Nummer eins. Die meisten Luftfahrtrekorde liegen bis 1908 in französischer Hand, die schnellsten, höchsten und weitesten Flüge finden zu dieser Zeit in Frankreich statt. Armand Zipfel ist einer der ersten Flugzeugführer des Landes. Auf Einladung des Berliner Lokalanzeigers kommt er im Januar 1909 zu einer Flugvorführung auf das Tempelhofer Feld. Unter großer Anteilnahme der Bevölkerung und der Presse startet Zipfel seine Vorführungen, allerdings gelingen ihm mit seinem Voisin-Doppeldecker keine längeren Flüge. Das Publikum ist enttäuscht. Doch die ersten erfolgreichen Flüge auf dem Tempelhofer Feld sollten nicht mehr lange auf sich warten lassen.

LZ 6 über dem Tempelhofer Feld, 1909.

Die Gebrüder Wright und die Anfänge des Motorflugs

Mit den Namen Orville und Wilbur Wright (1871-1948 bzw. 1867-1912) werden in der Luftfahrtgeschichte die ersten erfolgreichen Motorflüge verbunden. Wie fast alle Pioniere der Luftfahrt sind die beiden Amerikaner zugleich Konstrukteure und Piloten ihrer Flugzeuge. Bei seiner Arbeit orientiert sich Wilbur Wright an dem Buch »Der Vogelflug als Grundlage der Fliegekunst«: »Ich habe die Übersetzung des Lilienthalschen Werkes gelesen und die Illustrationen und Tafeln viele Male geprüft. Es ist gewiß ein wunderbares Buch ...«[10]

Orville und Wilbur Wright gelingt am 17. Dezember 1903 bei Kitty Hawk im Bundesstaat North Carolina an der amerikanischen Ostküste der erste gesteuerte Motorflug der Welt. Der Pilot Orville Wright legt 53 Meter bei einer maximalen Flughöhe von 3 Metern zurück. »Der erste Flug dauerte nur zwölf Sekunden, sehr bescheiden im Vergleich mit dem der Vögel, und doch war es der erste in der Geschichte der Erde, bei dem eine Maschine mit einem Menschen sich selbst durch ihre eigene Kraft in freiem Flug in die Luft erhoben hatte, in waagerechter Bahn vorwärts geflogen und schließlich gelandet war, ohne zum Wrack zu werden.«[11]

Das Flugzeug Flyer I der Gebrüder Wright ist ein Doppeldecker mit einem 12 PS-Motor. Es startet auf einer Katapult-Rampe. Mit Hilfe eines Gewichtes wird das Flugzeug auf einer 20 Meter langen Startschiene beschleunigt, es besitzt deshalb kein Fahrwerk mit Rädern, son-

dern Kufen. Durch den Katapultstart wird das Flugzeug schnell auf die erforderliche Fluggeschwindigkeit gebracht, der relativ schwache Motor könnte das nicht leisten. Das Prinzip des Katapult-Starts wird später vor allem auf Flugzeugträgern eingesetzt.

Im Jahre 1909 präsentiert Orville Wright sein Flugzeug in Berlin, nachdem er schon im Vorjahr Flugschauen in Frankreich durchgeführt hatte. Die Vorführungen finden zwischen dem 4. und 17. September 1909 statt. Tausende Zuschauer erscheinen auf dem Tempelhofer Feld, angezogen von umfangreicher Werbung in der Presse und auf Plakaten. Veranstalter ist, wie schon bei der Flugschau Zipfels, der Berliner Lokalanzeiger. Nach der Enttäuschung durch die wenig erfolgreichen Versuche Zip-

Orville Wright.

Werbeplakat für die Flugvorführungen Wrights, 1909.

fels sind die Berliner zwar skeptisch, aber um so neugieriger, ob der Amerikaner die hochgesteckten Erwartungen erfüllen kann. Die Erfolge der Brüder Wright im Ausland sind in Berlin wohlbekannt. Die Vorführungen auf dem Tempelhofer Feld werden ein Erfolg, die Zuschauer sind begeistert über die ersten Motorflüge in Deutschland. Der Berliner Lokalanzeiger schreibt am Tag nach der ersten Vorführung:

»Der große Tag, an dem zum erstenmal in der Reichshauptstadt vor der Öffentlichkeit ein Aeroplan in langdauerndem Fluge vorgeführt wurde, ist vorüber: Orville Wright, der auf dem Tempelhofer Felde eine Serie von Flugvorführungen darbieten wird, hat gestern vor einer nach vielen Tausenden zählenden Menge mit seinem Drachenflieger einen länger als neunzehn Minuten dauernden Flug ausgeführt, der durchaus glücklich verlief und mit einer glatten und eleganten Landung seinen Abschluß fand.«[12]

Orville Wrights Flugzeug über dem Tempelhofer Feld, 1909.

Einige Tage später gelingt ein Flug von zwei Stunden Dauer, am 17. September erringt Orville Wright sogar einen Weltrekord: er überfliegt die Höhe von 172 Metern. Außerdem nimmt Wright zu einzelnen Flügen Passagiere mit, denn sein Flugzeug bietet Platz für einen Begleiter. Auch das ist eine Attraktion. Bereits einen Tag nach dem Höhenflug-Rekord gelingt Wright der Dauerflugrekord mit einem Passagier, er bleibt eine Stunde und fünfunddreißig Minuten in der Luft.

Dies sind die ersten erfolgreichen Flüge mit einem Flugzeug auf dem Tempelhofer Feld. Sie dienen nicht nur der Unterhaltung der Zuschauer, es sind in erster Linie Werbeveranstaltungen. Die Gebrüder Wright wollen ihre Flugzeuge in größerem Umfang verkaufen und Flugschüler werben. Wilbur Wright gründet 1909 in Südfrankreich die welterste Flugschule. Im selben Jahr eröffnen die Gebrüder eine deutsche Niederlassung ihrer Firma, die »Flugmaschine Wright GmbH«. Ihr Sitz befindet sich in der Jungfernheide, unweit der Luftschifferabteilung der Berliner Garnison.

Als Käufer für die Flugzeuge sollen nicht in erster Linie Privatpersonen gewonnen werden, sondern vielmehr das Militär. Mit großer Professionalität versuchen die Gebrüder Wright, sich diesen Absatzmarkt zu erschließen. Ab 1905 machen sie verschiedenen Regierungen Angebote zum Kauf ihrer Flugzeuge. Nach der Ablehnung der amerikanischen und der französischen Regierung erhält 1906 auch die preußische Regierung ein Angebot, zeigt aber ebenfalls wenig Interesse. An eine militärische Nutzbarkeit von Flugzeugen glaubt man zu diesem Zeitpunkt noch nicht.

Auf große Zustimmung stoßen die Vorführ-

Kronprinz Wilhelm im Gespräch mit Orville Wright auf dem Tempelhofer Feld, 1909.

ungen der Wrights an anderer Stelle. Der preußische Kronprinz Wilhelm, Sohn des Kaisers Wilhelm II., ist begeisterter Zuschauer der Flüge auf dem Tempelhofer Feld. Doch Wilhelm II. kann der Begeisterung seines Sohnes für die Wrightsche Flugmaschine wenig abgewinnen. Als der Kronprinz an einem Flug als Flugschüler teilnimmt, verordnet der Kaiser ihm Hausarrest mit der Begründung, für solch »närrische Akrobatenkunststücke« habe er kein Verständnis[13]. Dem Kaiser ist auch die Nationalität der Pioniere ein Dorn im Auge, schließlich sind es keine Deutschen, die die ersten Flüge in Berlin vorführen. Doch der prominente Fluggast ist für die Wrightschen Flugzeuge eine hervorragende Werbung, die sich auszahlt. In den Jahren 1909 bis 1913 verkauft die »Flugmaschine Wright GmbH« in Deutschland 60 Flugzeuge an private Käufer, meist ehemalige Flugschüler von Wilbur Wright.

Die Luftfahrt mit Flugzeugen ist 1909 in Berlin eine Sensation. Die noch recht provisorisch wirkenden Flugzeuge werden nicht nur in Flugschauen präsentiert, sondern auch ausgestellt. Das Kaufhaus des Westens wirbt mit großen Anzeigen in der Tagespresse für die Ausstellung einer »Original-Bleriot-Flugma-

schine«. Das Flugzeug aus französischer Produktion wird »von Dienstag nachmittag 3 Uhr ab, bis auf weiteres, im Kaufhaus des Westens ausgestellt. Dasselbe ist komplett montiert, mit einem 16 zyl. Antoinette-Motor mit 60 PS ausgerüstet und mit aufgespannten Flügeln ca. 10 m breit. Besichtigungsgebühr für Erwachsene 50 Pf., für Militär und Kinder 20 Pf.«[14]

Schon wenige Tage nach den Flügen Orville Wrights finden auf dem Tempelhofer Feld erneut Schauflüge statt, und zwar vom 23. bis zum 27. September 1909. Der Pilot ist der Franzose Hubert Latham, Veranstalter ist diesmal das Berliner Kaufhaus Wertheim. Obwohl Latham keine Rekordflüge gelingen, schließt er seine Vorführungen am 27. September mit einem spektakulären Flug ab. Er fliegt vom Tempelhofer Feld bis zum Flugplatz Johannisthal, der gerade mit einer Flugwoche eröffnet wird. Dies ist der erste Überlandflug in Deutschland. Bisher waren Flugvorführungen auf den Platz beschränkt, von dem die Flugzeuge starteten. Es gibt noch keinerlei Polizeivorschrift, die das Überfliegen fremder Grundstücke regelt. Angeblich bekommt Latham für den Flug ein Strafmandat über 150 Mark wegen »groben Unfugs«[15].

Werbeplakat für die Flugvorführungen Hubert Lathams, 1909.

Vom ersten Flugplatz zum Linienverkehr

Flugplatz Berlin-Johannisthal

*Plakat zur Herbst-Flugwoche
in Johannisthal, 1910.*

Die erfolgreichen Flugversuche auf dem Tempelhofer Feld im Jahr 1909 lassen in Berlin den Wunsch nach einem Flugplatz als Dauereinrichtung entstehen. Das Tempelhofer Feld kommt aber aufgrund seiner militärischen Nutzung zunächst nicht in Frage, das Kriegsministerium erteilt lediglich Ausnahmegenehmigungen für Flugveranstaltungen.

Die Initiative zur Gründung eines Flugplatzes geht von Mitgliedern des Deutschen Luftschiffer-Verbandes aus. Ein geeignetes Gelände findet man 1908 im Südosten Berlins zwischen Johannisthal und Adlershof, im heutigen Bezirk Treptow. Im selben Jahr wird die Deutsche Flugplatz GmbH gegründet, innerhalb weniger Wochen wird das ausgewählte Grundstück komplett gerodet und es entsteht der Flugplatz Johannisthal, der erste Flugplatz Berlins und zugleich der erste in Deutschland überhaupt. Johannisthal entwickelt sich in den Jahren vor dem Ersten Weltkrieg zu einem der bedeutendsten Zentren des Motorflugs in Europa.

1909 wird der Flugplatz mit der »Internationalen Flugwoche« (26. September - 3. Oktober) eröffnet. Erst wenige Wochen zuvor waren die Flugvorführungen der Gebrüder Wright auf dem Tempelhofer Feld auf große Begeisterung bei der Bevölkerung gestoßen; in Johannisthal will man dieses Interesse kommerziell nutzen. Nach einigen Anfangsschwierigkeiten gelingt das auch, denn die Anziehungskraft der Flugvorführungen ist enorm. Zur Eröffnung des Flugplatzes kommen etwa 150.000 Zuschauer. Für die Flugplatzgesellschaft zahlt sich der Ansturm aus, sie finanziert sich durch die Eintrittsgelder zu den Flugveranstaltungen. An eine kommerzielle Personenbeförderung hingegen ist in diesen Jahren nicht zu denken, es gibt noch keine geeigneten Flugzeuge.

Die Flugplätze der Jahre 1909 bis 1914 sehen völlig anders aus als die nach dem Ersten Weltkrieg. Die wichtigsten Einrichtungen sind nicht Abfertigungsgebäude für Fluggäste, sondern Tribünen und abgesperrte Bereiche für das Publikum. Vor ungebetenen (das heißt nicht zahlenden) Zuschauern schützt ein hoher Bretterzaun. Ein zeitgenössischer Stadtführer schreibt: »Der riesige waldumgrenzte Flugplatz ist mit großen Tribünen versehen, von denen aus das Flugschauspiel prachtvoll zu beobachten ist. An gewöhnlichen Tagen wird in Johannisthal bei gutem Wetter immer von zahlreichen Piloten und deren Schülern geflogen, und der Zuschauer kommt fast stets auf seine Rechnung. Er kann auch in die Schuppen einen Blick tun, und wenn er Lust dazu hat und ihm nicht bänglich ist, selbst als Passagier emporsteigen, ein Vergnügen, das

*Flugplatz Johannisthal,
um 1910.*

bei einer Dauer von einer Viertelstunde und etwa drei Runden 50 Mark kostet.«[16]

Bei den Einwohnern von Johannisthal ist die Freude über den Massentourismus zu den Flugschauen hingegen gedämpft: »Rings um den Flugplatz standen in Hunderten von Metern Dicke die Menschen, alles glatt tretend und mit Stullenpapier bedeckend, wie das so Berliner Art ist. Aber die Gemeinde Johannisthal war betrübt über den Reichtum von Stullenpapier rings um den Flugplatz.«[17]

Bis zum Beginn des Ersten Weltkriegs entwickelt sich Johannisthal zu einem bedeutenden Standort der Flugzeugproduktion. Erstmals in der Militärgeschichte werden Flugzeuge im Ersten Weltkrieg eingesetzt, insbesondere als Aufklärungsflugzeuge und vereinzelt auch als Bomber. Die Flugzeugproduktion steigt sprunghaft an. Firmen wie die Rumpler-Werke GmbH, die Dorner Flugzeug GmbH und die Fokker Flugzeugwerke siedeln sich in Johannisthal an. Im Ersten Weltkrieg werden in Johannisthal etwa 13.000 Militärflugzeuge hergestellt, das entspricht 27% der deutschen Flugzeugproduktion zwischen 1914 und 1918.

Nach dem Ersten Weltkrieg kann Johannisthal nicht an die Erfolge der Vorkriegsjahre anknüpfen. 1919 gibt es einen kurzen Lichtblick, als der erste Flugzeug-Linienverkehr der Welt in Johannisthal aufgenommen wird: Die Abgeordneten der Nationalversammlung werden zwischen Berlin und Weimar befördert. Doch mit der Eröffnung des Flughafens Tempelhof 1923 gibt es in Johannisthal keinen nennenswerten Flugverkehr mehr. Nach dem Zweiten Weltkrieg nutzt die Aeroflot den Flugplatz kurzzeitig als Ausgangspunkt für Flüge nach Moskau, doch in den folgenden Jahren wird der Flughafen zugunsten von Schönefeld geschlossen und das Areal weitgehend von Gewerbegebieten und Industrieflächen eingenommen.

Flugplatz Johannisthal beim Wettflug »Rund um Berlin«, 1912.

Flugplatz Johannisthal, 1919.

Das größte Grundstücksgeschäft der Welt

Trotz der erfolgreichen Flugversuche der Gebrüder Wright wird die Möglichkeit, das Tempelhofer Feld auf Dauer als Flugplatz zu nutzen, nicht ernsthaft erwogen. Für andere Zwecke werden Freiflächen dringender benötigt, vor allem für den Wohnungsbau. Bei der Suche nach Neubauflächen stößt die Stadt 1909 auf das Tempelhofer Feld. Zu dieser Zeit ist Tempelhof noch eine eigenständige Landgemeinde, erst 1920 wird sie nach Berlin eingemeindet. Es gibt Überlegungen, das gesamte Tempelhofer Feld zu bebauen, aber das Kriegsministerium, Eigentümer des Geländes, trennt sich nur vom westlichen Teil. Dieses Gebiet erstreckt sich zwischen dem Tempelhofer Damm und der Grenze zu Schöneberg, der General-Pape-Straße. Im Norden wird es begrenzt durch die Dudenstraße, im Süden durch die Trasse der Ringbahn. Am 31. August 1910 erwirbt die Gemeinde Tempelhof dieses Areal vom Preußischen Kriegsministerium, eine Fläche von 139 Hektar. Der Preis beträgt 72 Millionen Goldmark. Das Geschäft geht durch die deutsche Presse als das »größte Grundstücksgeschäft der Welt«.[18]

1910 wird ein Wettbewerb zur Bebauung des neuerworbenen Areals ausgeschrieben durch den Direktor der »Tempelhofer Feld A.G. für Grundstücksverwertung«, Georg Haberland. Der Architekt Fritz Bräuning geht als Sieger aus diesem Wettbewerb hervor, nach seinen Plänen entsteht ab 1911 die Siedlung Neu-Tempelhof. Auf der Grundlage von Bräunings Plänen errichtet Bruno Möhring 1912/13 die beiden wuchtigen Wohnbauten am Tempelhofer Damm/Ecke Dudenstraße. Der Ausbruch des Ersten Weltkrieges verhindert die Fertigstellung der Siedlung.

Der Verkauf und die Bebauung des Westteils des Tempelhofer Feldes werden bereits 1910 heftig kritisiert. Skeptiker sprechen von der »Ausschlachtung« des Feldes zu Zwecken der Bodenspekulation[19]. Das Tempelhofer Feld müsse unbebaut bleiben, weil es für das Klima in der Stadt eine wichtige Funktion habe, so der Architekt Max Berg[20]. Von Süden bilde das Tempelhofer Feld einen »Luftkeil«, über den frische (und im Sommer auch kühle) Luft in die Innenstadt gelangen könne.

Im selben Jahr, 1910, wird erstmals die Idee geäußert, das Tempelhofer Feld dauerhaft als Flughafen zu nutzen. In einem Flugblatt des »Ansiedlungsvereins Groß-Berlin« ist die fast beiläufige Bemerkung zu lesen: »Auch für Zwecke der Luftschiffahrt kann es sich einmal als unschätzbar erweisen.«[21] Der Autor des Flugblattes denkt also eher an einen Luftschiffhafen als an einen Flughafen, Passagierflugzeuge gibt es noch nicht.

Der größte Teil der Siedlung Neu-Tempelhof wird erst nach dem Ersten Weltkrieg fertiggestellt, allerdings nach veränderten Plänen. Es entsteht eine aufgelockerte Bebauung mit starker Durchgrünung, was der Siedlung auch den Namen Gartenstadt Tempelhof einbringt. Erst 1927/28 werden durch den Architekten Eduard Jobst Siedler die fünfgeschossigen Baublöcke errichtet, die die Siedlung gegen den vielbefahrenen Tempelhofer Damm abschotten.

Kinderjahre der Verkehrsluftfahrt

Im Ersten Weltkrieg wird die Entwicklung der Flugzeugtechnik schnell vorangetrieben. Erstmals in der Geschichte wird die Luftfahrt Teil der Kriegsmaschinerie. Wurden in den Jahren vor 1914 weltweit schätzungsweise 5.000 Flugzeuge gebaut, so sind es in den vier Kriegsjahren rund 210.000. Die dabei gewonnenen Erfahrungen im Flugzeugbau sind eine wichtige Voraussetzung für den Bau der ersten Passagierflugzeuge nach dem Ersten Weltkrieg. Bis 1919 werden zur Personenbeförderung in der Luft ausschließlich Luftschiffe eingesetzt.

Bereits wenige Wochen nach Kriegsende wird in Johannisthal der erste planmäßige Flugzeugverkehr der Welt eingerichtet. Zum Aufbau eines zivilen Luftfahrtnetzes hatte man 1917, noch während des Krieges, eine Luftverkehrsgesellschaft ins Leben gerufen, die Deutsche Luft-Reederei GmbH (DLR). Ihr Heimatflughafen ist der Flugplatz Johannisthal. Die DLR ist eines der ersten Unternehmen der

Welt, das sich die Personenbeförderung per Flugzeug zum Ziel macht. Getragen wird die DLR von verschiedenen Unternehmen wie der AEG, der Deutschen Bank und dem Zeppelinkonzern.

Die bedeutende Leistung der DLR ist die Einrichtung der ersten planmäßigen Fluglinie der Welt zwischen Johannisthal und Weimar. Sie stellt die Verbindung zwischen der Reichshauptstadt Berlin und dem Tagungsort der Nationalversammlung her. Fluggäste sind vor allem die Mitglieder der Nationalversammlung, einer der ersten Passagiere auf dieser Strecke ist Reichspräsident Friedrich Ebert[22]. Am 5. Februar 1919, dem Tag vor der Eröffnung der Nationalversammlung, wird der Flugbetrieb aufgenommen. Die Flüge werden mit umgebauten Militärflugzeugen durchgeführt, täglich gibt es je zwei Hin- und Rückflüge. Passagierflugzeuge sind noch nicht entwickelt, im Ersten Weltkrieg wurden nur Kriegsflugzeuge gebaut.

»Am Morgen des 6. Februar 1919 um 7.10 Uhr startete in Johannisthal die erste Maschine mit 40 Briefen, 65 kg Zeitungen und mit einem Kurier, der wichtige Dokumente nach Weimar zu bringen hatte. Dieser Mann, wohlverpackt in Pelz, mit Sturzhelm und Schutzbrille versehen – denn ein eiskalter Wind blies an diesem Februarmorgen –, reiste nicht gerade komfortabel. Die offene Kriegsmaschine hatte rein gar nichts an Komfort zu bieten, nicht einmal einen Sitz für den Fluggast. Ein Brett hatte man zwischen die Rumpfstreben geschoben, und so ›ritt‹ er denn nach Weimar.«[23]

Der Flug dauert nur zwei bis drei Stunden, wegen Streiks und Kohlenmangel ist die Dauer

Maschinen der Deutschen Luft-Reederei auf dem Flugplatz Johannisthal, 1919.

Eine Junkers F 13 in Tempelhof, 1927.

einer Bahnreise unberechenbar, die Fahrt zwischen Berlin und Weimar kann 1919 bis zu fünf Tage dauern[24]. Innerhalb der folgenden vier Wochen werden auf der Linie Berlin-Weimar 120 Flüge durchgeführt, zu Unfällen kommt es nicht. Dieser Erfolg ist eine wichtige Voraussetzung für die Entwicklung des zivilen Luftverkehrs in den 20er Jahren. Parallel zum welterstern Linienflugverkehr für Passagiere gibt es 1919 auch den ersten planmäßigen Luftpostverkehr in Deutschland. Die Reichspostverwaltung richtet am 6. Februar 1919 einen Luftpostdienst zwischen Johannisthal und Weimar ein. Neben Briefen sind die wichtigste Fracht vor allem Zeitungen.

»Heute morgen wurde zum ersten Male die Morgenausgabe der ›Vossischen Zeitung‹ mit der Flugpost ohne Zwischenfall von Berlin nach Weimar befördert. Das Auto, das die Zeitungen in früher Morgenstunde vom Postzeitungsamt in der Dessauer Straße abholte, beförderte gleichzeitig die bei dem Hauptpostamt in der Spandauer Straße eingegangenen Briefsendungen nach dem Flugplatz Johannisthal hinaus. Dort wurden unter Aufsicht des Oberpostinspektors die Zeitungspakete und Briefsendungen gewogen und in die für den Flug bestimmten Flugzeuge verladen. Als es eben Tag wurde, verließen die Doppeldecker um 1/2 8 Uhr (...) den Flugplatz.«[25] Bereits im März 1919 wird die zweite Luftpoststrecke eröffnet, und zwar zwischen Berlin-Johannisthal und Hamburg-Fuhlsbüttel. Schon wenige Wochen später nimmt jedes Postamt in Deutschland Luftpostsendungen entgegen.

Die ersten reinen Passagierflugzeuge werden noch 1919 gebaut, die 71 Maschinen der DLR sind bislang ausschließlich umgerüstete Militärflugzeuge und bieten wenig Komfort für die Fluggäste. Die Junkers F 13 ist eines der ersten Passagierflugzeuge nach Kriegsende, sie ist zugleich das erste Ganzmetallflugzeug der Welt. Bisher waren Holz und Stoff die wichtigsten Materialien für den Flugzeugbau. Die F 13 ist das erste Verkehrsflugzeug mit einem Doppelsteuer für zwei Piloten, die sich während längerer Flüge abwechseln können. Die Kabine des Flugzeugs bietet Platz für maximal acht Passagiere.

Der Personenverkehr mit Luftschiffen wird ab 1919 vom Flugzeugverkehr verdrängt, das Luftschiff kann wegen seiner geringeren Geschwindigkeiten und der hohen Kosten nicht mit der Entwicklung des Flugzeugverkehrs Schritt halten. Überlegen sind Luftschiffe den Flugzeugen im Transatlantikflug. Regelmäßigen Luftschiffverkehr zwischen Europa und Amerika gibt es ab 1932, das Luftschiff LZ 127 »Graf Zeppelin« verkehrt 14tägig zwischen Friedrichshafen und Rio de Janeiro. Zu dieser Zeit ist die planmäßige Atlantiküberquerung mit Passagierflugzeugen eine Utopie.

Die DLR kann schon in den ersten Monaten nach der Eröffnung der Fluglinie Berlin-Weimar ihr Steckennetz ausweiten, bereits im März 1919 wird die Strecke Berlin (Johannisthal)-Gotha-Augsburg-München eröffnet. Die Expansion des Liniennetzes finanziert die DLR

selbst, sie erhält zunächst keine staatlichen Subventionen. Unterstützt wird die Luftfahrtgesellschaft durch Privatleute und Industriefirmen, vor allem Flugzeugbaufirmen, die ein Interesse an dem neuen Markt für Passagierflugzeuge haben. Die öffentliche Hand hält sich zurück aus Angst vor einer Fehlinvestition. Schnell zeigen sich Erfolge der zivilen Luftfahrt, die Kosten dieser Expansion hingegen sind privatwirtschaftlich nicht mehr zu tragen. Deshalb erhält die DLR im Juli 1920 erstmals Subventionen aus öffentlicher Hand für jeden geflogenen Kilometer. »So begrüßenswert diese Tatsache im allgemeinen war, so barg sie doch den Nachteil in sich, daß nunmehr eine größere Anzahl von Luftverkehrsgesellschaften entstanden, die für die Durchführung des Betriebes auf verhältnismäßig kurzen Strecken namhafte Staatshilfen beanspruchten. In dem Verlangen, möglichst viele Subventionen zu erhalten, setzte eine regelrechte Gründerepidemie ein – es waren vorübergehend über 30 Luftverkehrsgesellschaften – wie sie das Eisenbahnwesen in den 40er und 50er Jahren des vergangenen Jahrhunderts ähnlich hat überstehen müssen.«[26]

Wie bei der Eisenbahn, so zeigt sich auch in der Luftfahrt, daß eine solche Pluralität auf Dauer nicht zweckmäßig ist. Schon 1923 kristallisieren sich aus der Vielzahl der Konkurrenten vor allem zwei Luftfahrtgesellschaften heraus: die Deutsche Aero Lloyd AG, gegründet in Berlin durch Zusammenschluß der DLR mit der Lloyd-Gruppe, sowie die Junkers Luftverkehrs AG als ein Teil der Junkers Flugzeugwerke. Drei Jahre später werden sich diese Gesellschaften zur Deutschen Luft Hansa zusammenschließen.

Das vorläufige Ende
der deutschen Luftfahrt

Der Versailler Vertrag, geschlossen nach Ende des Ersten Weltkriegs, sieht eine drastische Abrüstung in Deutschland vor. Das betrifft auch die militärische Luftfahrt. Die Luftstreitkräfte müssen aufgelöst werden, alle Fluggeräte müssen den Siegermächten übergeben oder vernichtet werden. Produktion und Import von Flugzeugen werden Deutschland für die Dauer eines halben Jahres verboten. 1920 werden 15.000 Flugzeuge ausgeliefert und 1.000.000 m² Luftschiff- und Flugzeughallen abgerissen[27].

Die zivile Luftfahrt ist von den Bestimmungen des Versailler Vertrags zunächst nicht betroffen. Nach Auffassung des amerikanischen Präsidenten Wilson sind zivile Flugzeuge nicht anders zu behandeln als andere zivile Verkehrsmittel wie Eisenbahn oder Kraftwagen, die nicht verboten wurden. Allerdings gibt es 1919 in Deutschland praktisch noch keine zivilen Flugzeuge, sie werden erst in den Jahren nach dem Ersten Weltkrieg entwickelt, wie etwa die Junkers F 13.

»Als aber das Ausland die zunehmende Bedeutung des jungen deutschen Luftverkehrs erkannte, für dessen Errichtung sich bald die Mehrheit des Volkes einsetzte, als die Siegerstaaten erkannten, daß Deutschland mit dieser kulturellen Tat die Führung im mitteleuropäischen Luftverkehr übernehmen könnte, wurden ihm im Londoner Ultimatum, im Mai 1921, die sogenannten »Begriffsbestimmungen« aufgezwungen, die zwar kein gänzliches Verkehrsverbot enthielten, uns jedoch emp-

findliche Bindungen für die weitere technische Vervollkommnung des fliegenden Materials auferlegten. So wurde z.B. das Höchstgewicht der mitzuführenden Last einschließlich Besatzung auf nur 600 kg festgesetzt. Die Deutschland gehörenden Flugzeuge durften höchstens 4.000 m Steighöhe und eine Geschwindigkeit von 170 Stundenkilometern besitzen, und andere Bedingungen mehr. Kurzum, für die deutsche Flugzeugindustrie (...) hatte das Londoner Ultimatum die schwersten Schädigungen im Gefolge.«[28]

Diese Schädigungen sind etwa der Verlust von Arbeitsplätzen. Von ursprünglich 710 Facharbeitern der Junkers Flugzeugwerke in Dessau arbeiten 1921 nur noch 220.[29] Die Flugzeughersteller umgehen die Bestimmungen des »Londoner Ultimatums«, indem sie ihre Produktion ins Ausland verlagern. Junkers baut in Schweden und Rußland, Dornier in Italien. Erst nach fünf Jahren, am 5. Mai 1926, werden die Bestimmungen durch das »Pariser Luftfahrtabkommen« aufgehoben.

»Wir dürfen von dem Augenblicke an, da die an dem neuen Vertrage beteiligten Staaten das Pariser Abkommen ratifiziert haben werden, sämtliche Maschinentypen sämtlicher Stärken bauen, mit anderen Wörtern: wir können endlich dem deutschen und internationalen Luftverkehr d i e Maschinen zuführen, auf die ein modernes Luftfahrtwesen Anspruch erheben kann. Vorgesehen ist lediglich, daß wir keine gepanzerten und bewaffneten Flugzeuge herstellen dürfen. (...) Gleichzeitig mit den diplomatischen Verhandlungen um die Freiheit der deutschen Luftfahrt liefen in Paris auch Besprechungen über ein Luftverkehrsabkommen zwischen

Flugzeugunglück in Staaken, um 1925.

Deutschland und Frankreich. Auch dieses ist zu einem günstigen Abschluß gebracht worden. Der Aufnahme eines deutsch-französischen Luftverkehrs von Paris nach Berlin steht nichts mehr im Wege. (...) Die Linie wird von den Franzosen und den Deutschen gemeinsam betrieben werden.«[30]

Schon im Juni 1926 kann die Linie Berlin-Essen-Köln-Paris eröffnet werden, durch die wiedergewonnene Lufthoheit kann Deutschland nun eigenmächtig Verträge mit ausländischen Luftfahrtgesellschaften schließen. Ab 1926 werden zahlreiche internationale Fluglinien eröffnet.

Flughafen Tempelhof

Der Vorgänger Tempelhofs: Flugplatz Staaken

Die Deutsche Luftreederei als größte deutsche Luftfahrtgesellschaft verlegt 1920 einen Großteil ihres Linienverkehrs von Johannisthal auf den Flugplatz Staaken am Westrand Berlins. Drei Jahre lang sind Staaken und Johannisthal die Verkehrsflugplätze Berlins, bis 1923 Tempelhof eröffnet wird. Der Flugplatz Staaken entsteht aus einer Produktionsstätte für Zeppeline. Die Luftschiffbau Zeppelin GmbH kauft 1915 das spätere Flugplatzgelände, im Ersten Weltkrieg werden hier zwölf Luftschiffe und zahlreiche Flugzeuge gebaut, allesamt für den Kriegseinsatz. 1919 gibt es vorübergehend Luftschiff-Linienverkehr zwischen Friedrichshafen und Berlin-Staaken mit dem LZ 120 »Bodensee«. Nach der Verlegung des Flugzeug-Linienverkehrs zum Flughafen Tempelhof 1923 bleibt Staaken bis in die 30er Jahre der Sitz mehrerer Flugschulen und großer Wartungs- und Reparaturwerkstätten.

Überholungsarbeiten an einer Junkers G 31 in Staaken, um 1928.

Sämtliche Arbeiten, die in den Werkstätten im Tempelhofer Flughafen nicht ausgeführt werden können, werden in Staaken vorgenommen. Hier wird ein Materiallager unterhalten, »das nicht weniger als 40.000 Ersatzteile umfaßte. Für rund 30 Flugzeuge war alles vorhanden, was zum jeweiligen Typ gehörte, von der kleinsten Schraube bis zum Propeller: für damalige Begriffe eine geradezu phantastische Größenordnung.«[31]

Obwohl keine Linienflüge mehr von Staaken ausgehen, gibt es regen Flugverkehr durch die Flugschulen und Werkstätten. Allein im Sommerhalbjahr 1928 werden über 40.900 Starts und Landungen verzeichnet[32]. In Tempelhof sind es im selben Zeitraum nur etwa 20.800 planmäßige An- und Abflüge. Als Verkehrsflughafen wird Staaken noch einmal 1932 genutzt, allerdings nur für einen Tag: Am 4. September 1932 mietet der Stahlhelm-Bund das Tempelhofer Flughafengelände für Aufmärsche, und der gesamte Flugverkehr muß von Tempelhof nach Staaken verlagert werden. Dazu ist der Flugplatz Staaken völlig unzureichend ausstattet, es kommt zu chaotischen Zuständen. Im Dritten Reich ist Staaken Militär- und Regierungsflugplatz, nach dem Zweiten Weltkrieg wird der Flugplatz von der sowjetischen Luftwaffe genutzt, 1948 aber geschlossen, nachdem eine britische Verkehrsmaschine beim Anflug auf den nahegelegenen Flugplatz Gatow mit einem sowjetischen Jagdflugzeug kollidiert und 15 Menschen ums Leben kommen.

Das Flughafengelände in Staaken ist noch heute als Freifläche erkennbar, von den Bauten auf dem Gelände hingegen sind viele abgerissen einige stehen unter Denkmalschutz.

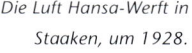
Die Luft Hansa-Werft in Staaken, um 1928.

Der Flughafenbau

Nach Ende der Ersten Weltkrieges stellt sich die Frage, was mit dem nach der Bebauung des Westteils verbleibenden (größeren) Ostteil des Tempelhofer Feldes, dem heutigen Flughafengelände, geschehen soll. Seit der Reduzierung des Heeres durch den Versailler Vertrag wird ein so großes Exerzier- und Paradefeld nicht mehr benötigt. Die Vorschläge zur neuen Nutzung sind vielfältig, sie reichen von einer Kleingartensiedlung über Sportanlagen bis zu einem Zentralbahnhof. Ein schmaler Randstreifen am Ostrand wird für Sporteinrichtungen abgetrennt. Es gibt auch Überlegungen, ein Messegelände auf dem Tempelhofer Feld einzurichten.

Zu dieser Nutzung kommt es nicht, denn bereits 1922 setzt sich der Berliner Stadtbaurat für das Verkehrswesen, Leonhard Adler, für den Bau eines Flughafens auf dem Tempelhofer Feld ein. Adler erkennt, daß Johannisthal und Staaken den Anforderungen der Verkehrsluftfahrt auf Dauer nicht genügen können. Diese Auffassung teilen die beiden wichtigsten Luftverkehrsgesellschaften, Junkers und Aero Lloyd. Ein wichtiges Verdienst Leonhard Adlers ist, daß er die Bedeutung der zentralen Lage eines Flughafens erkennt: »Diesem Grunderfordernis der zentralen Lage wurde leider in den früheren Jahren, als die Flugzeuge noch nicht als Verkehrsmittel angesehen wurden, sondern mehr als Sportwerkzeuge oder Instrumente für die Kriegsführung, nicht genügend Rechnung getragen. So sind die Flughäfen Croydon bei London, Le Bourget bei Paris, Schiphol bei Amsterdam, Baracca bei Rom und Aspern bei Wien viele Kilometer außerhalb der Stadt angelegt worden. Auch Berlin hatte bisher zwei Flugplätze, einen im Osten in Johannisthal, der etwa 14 km vom Zentrum der Stadt entfernt ist, einem im Westen in Staaken mit über 18 km Entfernung aus dem Stadtinneren.«[33]

Dieser Fehler soll in Berlin nicht wiederholt werden, das ehemalige Paradefeld bietet die einmalige Gelegenheit, ein unbebautes und doch zentral gelegenes Areal zum Flughafen zu machen. Trotz anfänglicher Skepsis gegenüber Adlers Plänen überzeugen dessen Argumente, und die Stadt Berlin kauft 1922 den Ostteil des Tempelhofer Feldes vom Reichswehrministerium, um dort den Flughafen zu errichten. Der Magistrat schließt einen Vertrag mit den Luftfahrtgesellschaften Junkers und Aero Lloyd, die sich bereit erklären, provisorische Flughafenbauten aus eigenen Mitteln zu finanzieren.

Die Idee, einen ehemaligen Exerzierplatz zu einem Flughafen auszubauen, ist nicht einzigartig. In vielen größeren deutschen Städten ergibt sich nach der Reduzierung des Heeres durch den Versailler Vertrag eine ähnliche Gelegenheit wie in Berlin. Leonhard Adler hatte den Flughafen Königsberg besucht, der 1922 ebenfalls auf einem ehemaligen Exerzieplatz errichtet wird. Schon 1920 gibt es in München Verhandlungen, den Exerzierplatz Oberwiesenfeld zum Flugplatz umzunutzen[34]. 1922 wird mit der Einebnung des Tempelhofer Feldes begonnen. Die Beschaffenheit der Grasnarbe reichte für die seltenen Flugversuche aus, die bisher auf dem ehemaligen Paradeplatz durchgeführt wurden, den Anforde-

*Windmühlenflugzeug
(Autogiro) auf dem
Tempelhofer Feld, um 1928.*

rungen eines Passagierflughafens genügt sie nicht. Die Einebnung erweist sich als große Aufgabe, denn das Tempelhofer Feld hat stellenweise Höhenunterschiede von bis zu 10 Metern. Zudem hat das gesamte Areal eine leichte Neigung, die ebenfalls ausgeglichen werden muß. 300.000 Kubikmeter Boden werden dazu innerhalb weniger Monate bewegt. Als Füllmaterial wird zeitweise auch Berliner Haushaltsmüll verwendet, insgesamt werden 18.000 Fuhren abgeladen, das Tempelhofer Feld ist dadurch vorübergehend die größte Müllkippe Berlins. Anschließend wird das Rollfeld mit Gras bepflanzt. Betonierte Start- und Landebahnen sind noch nicht erforderlich, weil die Flugzeuge in den 20er Jahren relativ leicht sind. 45 Tonnen Grassamen werden auf das gesamte Areal aufgebracht, doch auf dem sandigen Boden keimt die Saat nicht. Mit 225 Tonnen Kunstdünger wird dem nachgeholfen[35].

Zur Pflege des Rasens siedelt man eine Schafherde auf dem Flughafengelände an. Die »Flughafenschafe« ersparen nicht nur das Mähen und Düngen des Rasens, sie festigen vor allem den Boden.

Eröffnung des Flughafens

Auf dem Flughafengelände steht 1923 lediglich ein kleines Wärterhäuschen. »Vorgesehen ist unter anderem Unterkunft von mindestens sechs Flugzeugen und ein Unterstand für Benzinfässer.«[36] Bescheidene Anfänge angesichts der gigantischen Bauten, die wenige Jahre später hier entstehen werden. Die Eröffnung des Flughafens erfolgt am 8. Oktober 1923 nach vorläufiger Freigabe des Reichsverkehrsministeriums. Zu diesem Zeitpunkt sind drei provisorische Gebäude fertiggestellt, zwei Flugzeughallen sowie eine 200 Quadratmeter große Holzbaracke als Verwaltungs- und Abfertigungsgebäude. Diese Baracke beherbergt einen Abfertigungsschalter, die Polizei-Flugwache, einen Aufenthaltsraum für Fluggäste, eine Wetterwarte und einen Sanitätsraum.

»Flugplanmäßig um 10:30 vormittags erhob sich der silbergraue Junkers-Aluminiumvogel. (...) Nach dem Start besichtigten die Gäste der Stadt und der Fluggesellschaften die Gebäude und den Platz. Es sind bisher ein Empfangsgebäude, zwei große Hallen und eine Schmiede für kleine Reparaturen errichtet. Im Empfangsgebäude sieht es aus wie in einem richtigen kleinen Bahnhof, für alle Erfordernisse und Bedürfnisse der Passagiere ist Rechnung getragen, auch ein Sanitätszimmer ist vorhanden.«[37] Der 8. Oktober 1923 kann somit als Geburtstag des Flughafens Tempelhof gelten, der zunächst »Flughafen Tempelhofer Feld« heißt. Damit ist Tempelhof einer der ältesten noch in Betrieb befindlichen Flughäfen der Welt.

Zwischen 1922 und 1929, in der Gründerzeit der deutschen Flughäfen, entbrennt eine regelrechte Konkurrenz zwischen einzelnen Städten. Die wirtschaftliche Bedeutung eines Flughafens und der Prestigegewinn werden hoch eingeschätzt. In dieser Zeit wird der Bau von Flughäfen unter anderem in Königsberg, Hamburg, Chemnitz, Dortmund und München begonnen. Der Flughafen Königsberg-Devau ist 1922 der erste zivile Flughafen Deutschlands, der ein festes Abfertigungsgebäude für Fluggäste erhält[38]. Der Flughafen Tempelhofer Feld wird 1923 von zwei Fluggesellschaften finanziert. Schon im folgenden Jahr, am 19. Mai 1924, wird die Berliner Flughafengesellschaft (BFG) als neue Trägerin des Flughafens ins Leben gerufen: »Gestern erfolgte die Gründung der Berliner Flughafengesellschaft m.b.H., der der Ausbau und der Betrieb des Flughafens Tempelhofer Feld sowie weiterer Luftverkehrseinrichtungen in Berlin obliegen. Zum Vorsitzenden des Aufsichtsrates wurde Dr.-Ing. Adler gewählt.«[39]

Das Gesellschaftskapital von 500.000 Goldmark stammt zunächst aus städtischen Einnahmen, später wird es aufgestockt durch Zuwendungen des Landes Preußen und des Deutschen Reichs. Trotz öffentlicher Gelder ist die Finanzlage der Flughafengesellschaft schlecht. Der Umfang des Flugverkehrs ist noch zu gering, um die Kosten zu decken. Im ersten Jahr seines Bestehens verzeichnet der Flughafen 150 Fluggäste bei 100 Starts und Landungen. Neue Einnahmequellen werden gesucht. Dabei greift die Flughafengesellschaft auf alte Ideen zurück, nach dem Vorbild der Johannisthaler Flugschauen vor 1914 sollen auch in Tempelhof Flugschauen präsentiert

Wärterhäuschen auf dem Flughafen Tempelhof, 1923.

werden. Doch die Anziehungskraft der Fliegerei hat nachgelassen, der Erfolg der Flugschauen ist kläglich. Die schlechte Wirtschaftslage trägt ein übriges zu diesem Mißerfolg bei. Erst ab Mitte der 20er Jahre finden die Flugschauen wieder größeren Zulauf, besonders seit dem »Deutschen Rundflug«, der zwischen dem 31. Mai und dem 9. Juni 1925 mit Startpunkt Tempelhof veranstaltet wird. In den folgenden Jahren finden jeweils bis zu 20 Flugschauen in Tempelhof statt, die mit zahlreichen Attraktionen locken: Verlosung von Freiflügen, Kunstflug, Stafetten, Fallschirmspringen, Ballonfahrten und Ziellandungen. Bis zu 400.000 Zuschauer erscheinen zu diesen Veranstaltungen auf dem Flughafengelände.

Die ersten dauerhaften Bauten

Die provisorischen Flugzeughallen und die Abfertigungsbaracke in Tempelhof erweisen sich schnell als zu klein. 1924/25 entstehen die ersten soliden Hallen nach Plänen der Berliner Architekten Heinrich Kosina und Paul Mahlberg. Sie liegen nicht an der Stelle des heutigen Flughafengebäudes, also direkt am Columbiadamm, sondern einige hundert Meter südlich, etwa in Höhe der Paradestraße, mitten auf dem heutigen Rollfeld. Der ehemalige Standort ist dort noch an einigen Trümmerhügeln erkennbar, wenngleich alle Bauten aus den 20er Jahren heute zerstört sind. Heinrich Kosina befaßt sich vorwiegend mit Ver-

kehrsbauten, insbesondere mit Tankstellen und Flughäfen. Nach dem Zweiten Weltkrieg ist er an den Flughafenerweiterungen in Frankfurt, München und Wien beteiligt. Kosina ist Anfang der 20er Jahre Mitarbeiter von Erich Mendelsohn, einem der bedeutendsten Vertreter der modernen Architektur in dieser Zeit. Die drei Flugzeughallen werden 1925 von der zeitgenössischen Kritik hoch gelobt. »Eine der bedeutendsten Anlagen dieser Art«, so schreibt eine Bauzeitschrift. Sie scheine dazu angetan, »nicht nur in Deutschland als Vorbild zu dienen.«[40]

Die Gründe für diese Lobeshymnen liegen in der Gestaltung: es sind schmucklose, sehr funktionale Bauten im Stile der gerade aufkommenden Neuen Sachlichkeit. Die Flugzeughallen, die als Stahlkonstruktion errichtet

Die Flugzeughallen von Heinrich Kosina und Paul Mahlberg, Aufnahme 1927.

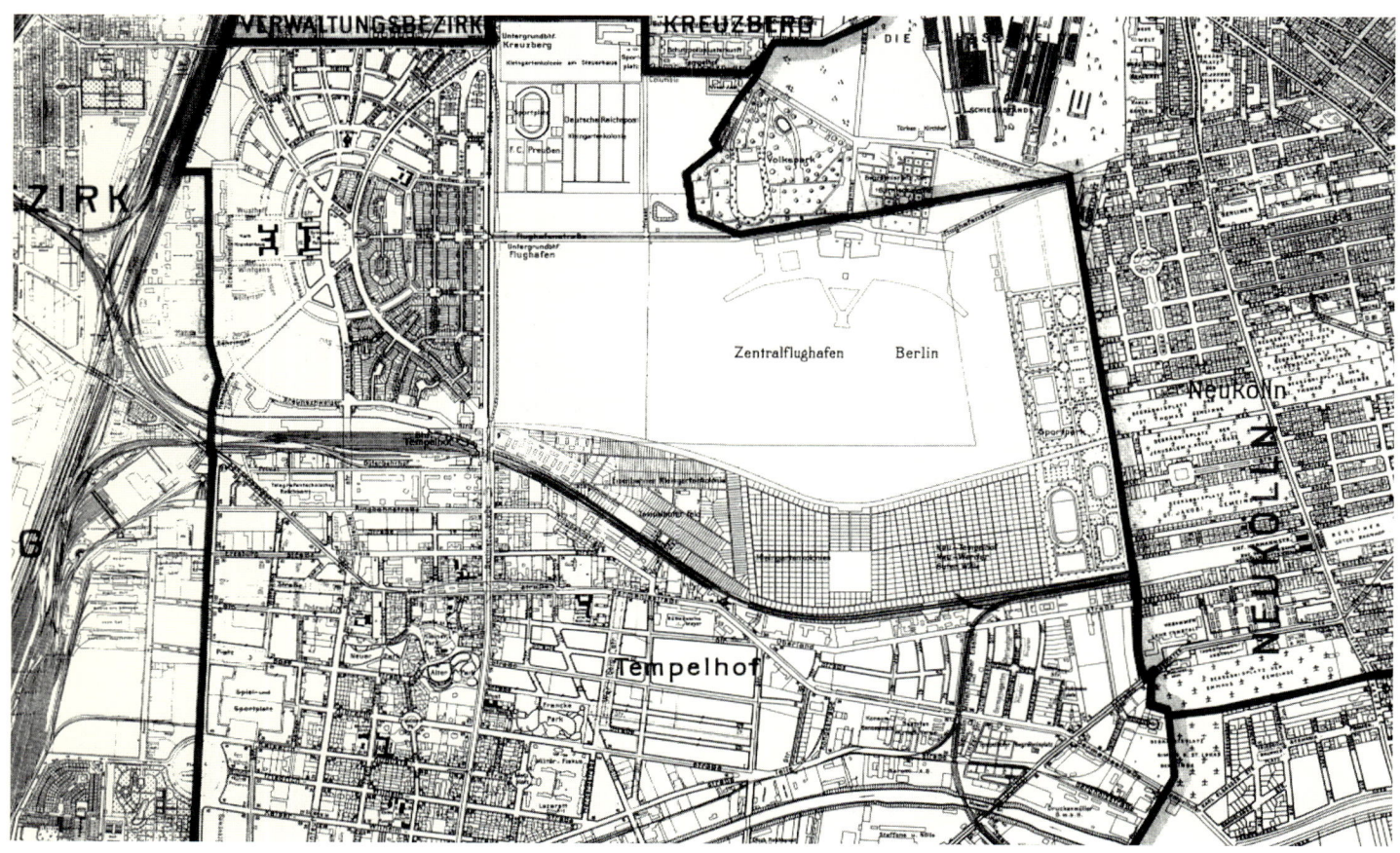

Stadtplan Berlins mit dem
Flughafengelände, 1928.

werden, zeichnen sich durch schlichte Formen und Funktionalität aus. Ornamente und Bauplastik werden nicht verwendet, bestimmend ist die starke Orientierung an technischen Anforderungen. So haben etwa die Tore der Flugzeughallen großzügige Formate, damit »selbst Flugzeuge außergewöhnlich großen Ausmaßes bequem untergebracht werden können.«[41] Die Tore haben eine Höhe von 8 Metern und eine Breite von 42 Metern, sind komplett zusammenzufalten und leicht beweglich. Aber es wird nicht nur die Funktionalität der Hallen gelobt, sondern auch die schlichte Ästhetik, die der Anlage dennoch einen repräsentativen Charakter verleiht. Die zu-

sammengelegten Tore wirken wie Pfeiler, auf denen das Dach der Halle zu ruhen scheint.
»Durch das Mittel dieser sachhaften Beschränkung und Ladung der großen Linien und der Einzelheiten mit architektonischer Spannung sind eingängige und überzeugende Bauten entstanden, und man wird nicht umhin können, diese Bauten als einen Gewinn für die an baulichen Leistungen mehr als arme Architektur der Gegenwart zu buchen.«[42]
Die Hallen dienen der Unterbringung und Wartung von Flugzeugen, in ihnen befinden sich zudem vorübergehend die Anlagen zur Abfertigung der Fluggäste. Auch das Gepäck wird in den neuen Hallen abgefertigt und auf

Handkarren zum Vorfeld gebracht. Ein separates Abfertigungsgebäude soll in den nächsten Monaten entstehen. Direkt an eine der Hallen ist ein Scheinwerferturm angegliedert, der besonders deutliche Züge der modernen Architektur trägt. Der Scheinwerfer mit einem Durchmesser von 1,10 m dient als Richtfeuer für den Nachtflugverkehr. Sein Licht ist bei klarer Luft bereits von Leipzig aus zu sehen.

Nach Fertigstellung der drei Tempelhofer Flugzeughallen werden 1925 östlich davon noch zwei weitere Hallen errichtet, ebenfalls nach Plänen von Kosina und Mahlberg.

Gleichzeitig mit den Flugzeughallen entsteht 1924/25 das sogenannte »Radiohaus«. Der Architekt ist Fritz Bräuning, der Tempelhofer Stadtbaurat. Im Radiohaus wird der Funkver-

kehr des Flughafens abgewickelt, außerdem haben die Luftüberwachungspolizei und der Wetterdienst sowie die Telefonzentrale hier ihren Sitz. Die Luftüberwachungspolizei entscheidet, ob gestartet und gelandet werden kann. An einem Mast vor dem Radiohaus wird bei starkem Wind oder Nebel ein Ball hochgezogen als Zeichen für das Startverbot. Auf dem Dach des Häuschens befindet sich ein Windrichtungsanzeiger in Form eines stilisierten Flugzeuges, der nachts mit einem Scheinwerfer beleuchtet wird. Tagsüber leistet ein in den Boden eingelassener Rauchofen auf dem Flugfeld die Windrichtungsanzeige: entgegen der Richtung, in die der Rauch zieht, muß gestartet werden. Neben dem Radiohaus werden zwei 45 Meter hohe, rot-weiß gestrichene

Wartungsarbeiten in den Tempelhofer Flugzeughallen, um 1929.

Funktürme in Holzkonstruktion errichtet. Die Entwürfe dazu stammen von dem Architekten Heinrich Straumer, der 1924-26 den Funkturm auf dem Berliner Messegelände baut.

Ein Jahr lang sind sämtliche Einrichtungen des Flughafens in den Flugzeughallen untergebracht, von Aufenthaltsräumen über Flugschalter und Büros bis zu Reparaturwerkstätten. 1925 beginnt die Flughafengesellschaft mit den Planungen für ein Hauptgebäude, im Sommer 1925 schreibt sie einen Architekturwettbewerb zur Gestaltung des Gebäudes aus. Hier sollen verschiedene Einrichtungen unter einem Dach vereinigt werden: die Abfertigung der Passagiere, Büros der Luftfahrtgesellschaften, ein Restaurant und ein Hotel. 71 Beiträge gehen zu diesem Wettbewerb ein, doch renommierte Architekten beteiligen sich nicht. Das liegt zum einen daran,

daß keine hohen Preise locken, insgesamt stehen 15.000 RM an Preisgeldern zur Verfügung[43]. Für vergleichbare Wettbewerbe zu dieser Zeit werden in der Regel größere Summen ausgeschrieben. Andererseits erfordert die Teilnahme Risikobereitschaft, denn Vorbilder für die Gestaltung eines Flughafenhauptgebäudes gibt es 1925 kaum, eine völlig neue Bauaufgabe stellt sich den Architekten. Schon die zeitgenössische Architekturkritik erkennt, daß ein solches Gebäude »ein gründlich anderes Gepräge tragen (muß), als irgendein Bauwerk früher üblicher Bestimmung. Sein Anblick darf in keinem Augenblick an den eines Bahnhofs oder gar eines Warenhauses oder Theaters erinnern.«[44]

Die meisten Wettbewerbsbeiträge werden diesen Ansprüchen nicht gerecht. Viele Architekten orientieren sich stark an früheren Bau-

Paß- und Zollabfertigung auf dem Flughafen Tempelhof, 1929.

Einstieg in eine Fokker F II, 1927.

Radiohäuschen und Windrichtungsanzeiger, um 1925.

typen, in einigen Entwürfen wird gar eine Dreiflügelanlage für das Hauptgebäude vorgeschlagen, die Grundform zahlreicher Barockschlösser. Traditionelle Architekturformen wie etwa Säulen werden häufig verwendet. Ein Großteil der Wettbewerbsentwürfe ist keineswegs geprägt von der Neuen Sachlichkeit, deutlich wird der Zwiespalt der Bauaufgabe: das Flughafengebäude soll funktional und doch repräsentativ gestaltet sein.

Die Mitglieder des Preisgerichts zum Flughafenwettbewerb sind – neben Vertretern des Reichsverkehrsministeriums und der Flug-

hafengesellschaft – zum Teil renommierte Architekten, unter ihnen der Berliner Stadtbaurat Ludwig Hoffmann, der Tempelhofer Stadtbaurat Fritz Bräuning, der Funkturm-Architekt Heinrich Straumer sowie Richard Bielenberg, der Architekt des Europa-Hauses in Berlin-Kreuzberg. Ende 1925 fällt die Entscheidung der Jury. Ein erster Preis wird nicht vergeben, dafür dreimal der zweite. Einer der zweiten Preise wird für den Entwurf der Architekten Klaus und Paul Engler verliehen. Nach den Plänen der beiden Berliner Architekten wird ab Juli 1926 das Hauptgebäude errichtet.

Das Hauptgebäude 1926-29

Bei dem Entwurf von Klaus und Paul Engler wird besonders dessen Funktionalität hervorgehoben. In ihm sei »die Anordnung der mannigfachen Räumlichkeiten besonders klar durchdacht.«[45] Die Flughafengesellschaft will das neue Gebäude in mehreren Abschnitten errichten, dabei soll jeder Abschnitt für sich betriebsfähig sein. Mit der Entwicklung des Verkehrsaufkommens soll das Abfertigungsgebäude dann schrittweise erweitert werden. Der erste Abschnitt des Hauptgebäudes wird 1926-27 errichtet. Seine Fassade trägt einen schlichten Putz, da sie nur die vorläufige Außenwand darstellt. Im zweiten Bauabschnitt soll das Gebäude nach allen Seiten erweitert werden.

Bereits im Frühjahr 1928 wird der zweite Bauabschnitt begonnen. Die Passagierzahlen entwickeln sich rasant und machen den Weiterbau erforderlich. Das Flugzeug ist innerhalb weniger Jahre zu einem Verkehrsmittel geworden, das immer mehr Vertrauen und damit auch Passagiere gewinnt. Noch bei Eröffnung des Flughafens Tempelhof wird die Flugreise als Wagnis angesehen; die Piloten gelten als mutige Männer und werden in Presseberichten meist namentlich erwähnt.

Anfang 1929 wird der zweite Bauabschnitt in Betrieb genommen, ist jedoch schon in diesem Moment zu klein, die Bauarbeiten können mit der Entwicklung des Raumbedarfs nicht Schritt halten. Das Gebäude soll nochmals erweitert werden, nur ein kleiner Teil der Planungen von Klaus und Paul Engler ist mit dem zweiten Bauabschnitt realisiert. Auf die bestehenden drei Geschosse sollten zwei weitere aufgesetzt werden, an beiden Seiten des Gebäudes Anbauten folgen, die aber nicht mehr begonnen werden.

Im Zustand von 1929 ist das Gebäude 93 Meter lang und 20 Meter breit. Der langgezogene Baukörper ist leicht gekrümmt, das Äußere des Hauptgebäudes schlicht gestaltet. Verkleidet mit Bockhorner Klinkern, ist die schmucklose Fassade bestimmt durch Fensterbänder. Das Hauptgebäude beherbergt trotz seines beschränkten Raumangebotes zahlreiche Einrichtungen: »Im Mitteltrakt ist die große Schalterhalle mit den zugehörigen Nebenhallen und -räumen untergebracht, die beiden Warteräume und Toiletten, Friseur usw.; im Anschluß daran, im östlichen Bauteil die Post, Vortragssaal, Räume der Presse und des Aero-Clubs; im westlichen Bauteil schließen sich die Hotel-Restaurationsräume an, weiterhin das Bierrestaurant. Im Zwischengeschoß liegen ausschließlich Räume für die Verwaltung. Im 1. Obergeschoß sind Hotelzimmer und der große Festsaal angeordnet, (sowie) Räume der Verwaltung und der Lufthansa. Im 2. Obergeschoß finden wir weitere

Nachtflugverkehr in Tempelhof, 1926.

Hotelzimmer (und) den Rest der notwendigen Büroräume. Das 3. Obergeschoß bildet die zum Teil überdeckte große Restaurationsterrasse.«[46]

Einen Gegensatz zur reduzierten Fassadengestaltung stellt das Innere des Gebäudes mit seinen aufwendigen Ausstattungen dar. Auch hier finden sich zwar eher schlichte Formen, die aber in edlen Materialien ausgeführt sind. Der Warteraum ist mit geschliffenem Travertin verkleidet, Treppen und Galeriebrüstungen sind mit Schleiflack überzogen, Decken teilweise mit dekorativer Malerei in abstrakt-geometrischen Formen gestaltet, Fußböden mit Linoleum ausgelegt. Der sogenannte Steinsaal ist mit verschiedenen Natursteinen ausgestattet, Auerkalkstein, Travertin, Theresiensandstein. Seine Decke trägt Vergoldungen, an der

Stirnwand des Saales befindet sich eine reliefierte Weltkarte aus Aluminium.

Die technische Ausstattung des Gebäudes ist sehr modern und aufwendig. Beheizt wird es durch eine Warmwasserheizung und eine Großraum-Warmluftheizung. Eine Rohrpost verbindet Radiostation, Wetterdienst und Fliegerberatung. Die Küchenanlagen im Keller verfügen sogar über eine eigene Konditorei.

Das Flughafengelände ist seit seiner Eröffnung über zwei Straßen an das Berliner Straßennetz angeschlossen: Die Flughafenstraße verbindet das Hauptgebäude mit dem Tempelhofer Damm, eine Fortsetzung der Paradestraße in Richtung Osten. Das östliche Ende der Flughafenstraße im Bezirk Neukölln ist noch erhalten. Über die Flughafenstraße führt die Straßenbahnlinie 35 zwischen dem Platz vor

Das Hauptgebäude nach Fertigstellung des ersten Bauabschnitts, 1927.

Das Hauptgebäude nach
Fertigstellung des zweiten
Bauabschnitts, Aufnahme
1931.

Eingang zum Haupt-
gebäude, nach 1929.

*Das Hauptgebäude,
um 1929.*

*Flughafen Tempelhof,
um 1935.*

Warte- und Abfertigungs-
halle im Hauptgebäude des
Flughafens, um 1928.

dem Hauptgebäude und dem U-Bahnhof »Flughafen« (seit 1937 »Paradestraße«). Die Nord-Süd-U-Bahn (heute Linie 6) wird 1927 eigens bis zur Station »Flughafen« verlängert. Von Norden führte die Lilienthalstraße auf das Flughafengebäude zu, der nördliche Abschnitt der Lilienthalstraße ist noch erhalten. Die Verkehrsanbindung des Flughafens ist trotz des Straßenanschlusses nicht optimal. Der U-Bahnhof Flughafen liegt mehrere hundert Meter vom Hauptgebäude entfernt. Die Ver-

bindung zwischen der westlichen Innenstadt und dem Flughafen wird von einem Bus-Pendelverkehr der Luft Hansa vom Kurfürstendamm hergestellt.

1929 ist der Flughafen Tempelhof komplett ausgestattet mit allem, was zu einem modernen Flughafen gehört: von der Reparaturwerkstatt bis zum Friseursalon, von der Funkstation bis zur Besucherterrasse. Doch schon zur selben Zeit ist die Anlage den rasch ansteigenden Passagierzahlen nicht mehr gewachsen.

Die Luft Hansa

Die Luftfahrtgesellschaften Junkers Luftverkehr und Aero Lloyd sind zwischen 1923 und 1926 die großen Konkurrenten im Kampf um den wachsenden Markt der Luftfahrt in Deutschland. »Da aber beide Luftverkehrsunternehmungen als privatwirtschaftliche Erwerbsgesellschaften verständlicherweise danach strebten, innerhalb Deutschlands möglichst viele verkehrswichtige Strecken zu befliegen, oft auch zwischen zwei Häfen parallele Konkurrenzstrecken betrieben und hierdurch sowie durch ähnliche Konkurrenzierungsmaßnahmen die Gefahr bestand, daß die vom Reich und den Ländern bereitgestellten Luftfahrtbeihilfen nicht immer ausschließlich im Interesse der allgemeinen Verkehrsförderung verwandt wurden, regten die amtlichen deutschen Stellen, vor allem das Reichsverkehrsministerium schon im Sommer 1925 die Vereinigung der beiden Luftverkehrsgesellschaften zu einer deutschen Einheitsgesellschaft an.«[47]

Flugschein der Luft Hansa, 1929.

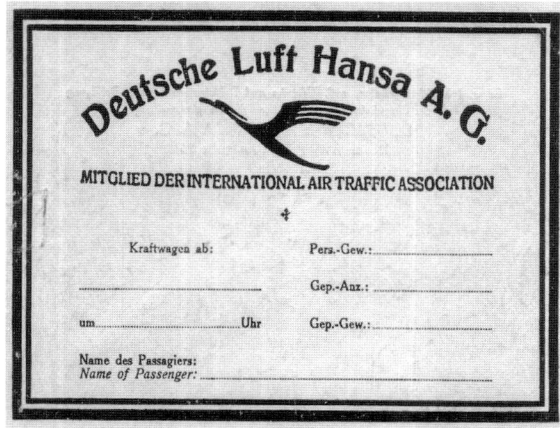

Die Deutsche Luft Hansa AG entsteht. Die Gründungssitzung der Luft Hansa (ab 1934 in der Schreibweise »Lufthansa«) findet am 6. Januar 1926 im Berliner Hotel Kaiserhof statt. Vertreten im Aufsichtsrat mit insgesamt 64 Sitzen sind Reich, Länder und Städte sowie Industrie, Handel und Banken. Bei der Aufnahme des Flugbetriebs 1926 umfaßt der Maschinenpark der Luft Hansa 165 Flugzeuge aus Beständen der Junkers Luftverkehrs AG und des Aero Lloyd. 19 verschiedene Flugzeugtypen sind im Einsatz, meist kleinere Maschinen mit Platz für vier bis sechs Passagiere.

»Gestern, am 6. April, stieg auf dem Flughafen Berlin-Tempelhof das erste Flugzeug der Deutschen Luft Hansa zum ersten planmäßigen Flug der diesjährigen Flugzeit auf. (...) 47 deutsche und außerdeutsche Orte werden allein von Berlin auf zwölf Strecken angeflogen. Wie ein riesiges Netz, dessen Mittelpunkt Berlin ist, überziehen die Strecken das Reichsgebiet.«[48] Bei aller Freude anläßlich der Eröffnung des Flugbetriebs der Luft Hansa gibt es in der Presse auch Kritik, insbesondere am Streckennetz: »Ob eine Strecke von Cassel nach Frankfurt mit einer Zwischenlandung in Gießen wichtiger ist als eine Verbindung von Hamburg nach Cuxhaven, die für den amerikanischen Reiseverkehr von eminenter Bedeutung sein könnte, erscheint fraglich«.[49]

Das Firmensignet der Luft Hansa ist seit ihrer Gründung der aufsteigende Kranich. Schon seit 1918 war der Kranich das Zeichen der Deutschen Luft-Reederei GmbH, dann des Aero-Lloyd. Der Entwurf des Kranich-Signets stammt von dem Architekten und Graphiker Otto Firle, der in den 30er Jahren das Nordstern-Haus am Fehrbelliner Platz (heute Sitz

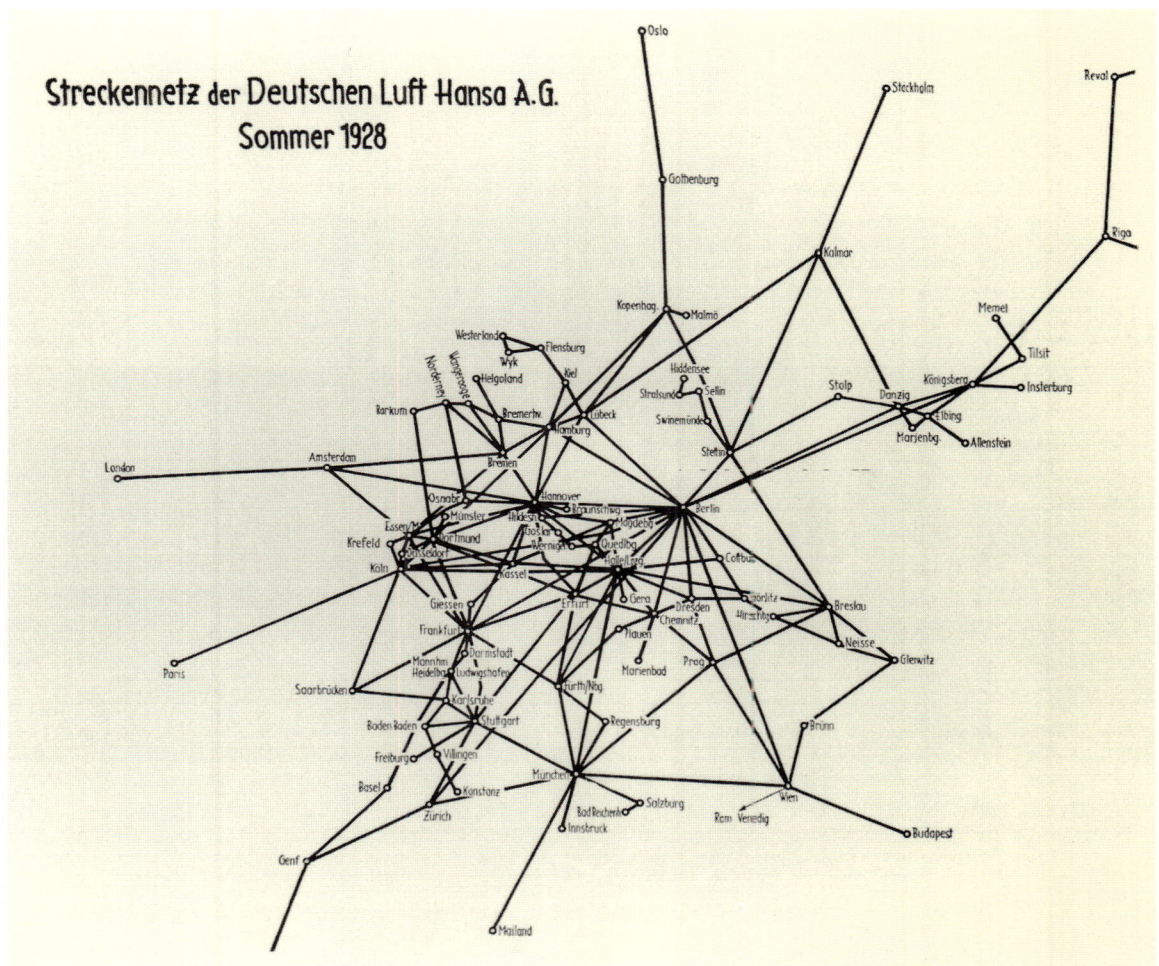

Streckennetz der Deutschen Luft Hansa A.G.
Sommer 1928

des Berliner Innensenators) errichtet. Die Luft Hansa-Farben Blau und Gelb hingegen werden vom Signet der Junkers Luftverkehrs AG übernommen, so daß die Fusion auch im Firmenzeichen erkennbar ist.

Tempelhof ist von 1926 bis 1945 Heimatflughafen der Luft Hansa. Über 150 Mitarbeiter sind in den Büros im Hauptgebäude beschäftigt. Die Luft Hansa hat im wesentlichen drei Aufgaben zu erfüllen:

»1. Deutschland mit den wichtigsten europäischen Wirtschaftszentren zu verbinden, und zwar auf der Basis internationaler Zusammenarbeit mit ausländischen Luftverkehrsgesellschaften;

2. den bedeutenden Städten Deutschlands Anschluß an das europäische Luftverkehrsnetz zu verschaffen;

3. Deutschland mit den außereuropäischen Ländern zu verbinden, zu denen es besondere Handelsbeziehungen unterhält – in der Hauptsache Nord- und Südamerika und der Ferne Osten.«[50]

Ankunft auf dem Flughafen Tempelhof, um 1928.

Handkarren zur Gepäck-beförderung, um 1928/29.

Luftfahrt in den 20er Jahren

Bei der Eröffnung des Flughafens Tempelhof 1923 steckt die zivile Luftfahrt in den Kinderschuhen, sowohl die technischen Möglichkeiten der Flugzeuge als auch der Komfort für die Fluggäste sind äußerst beschränkt. Wie abenteuerlich und beschwerlich die Flugreise am Anfang der 20er Jahre ist, zeigen die Regeln für Passagiere der niederländischen Luftfahrtgesellschaft KLM:

»1. Niemals die Schraube berühren, in angemessener Entfernung bleiben.

2. Nicht den Kopf oder Arm plötzlich über Bord strecken; man könnte durch den Luftdruck überrascht und verletzt werden. Auf alle Fälle verliert man durch eine solche Handlungsweise die Kopfbedeckung.

3. Bei der Abreise nicht mit Hut, Shawl oder Mütze über Bord winken, denn sie könnten durch den Luftdruck entrissen werden und Schaden an der Maschine anrichten.

4. Keine Gegenstände über Bord werfen. Aus ein paar hundert Metern Höhe erhalten sie die Geschwindigkeit einer Gewehrkugel und sind daher gefährlich für Menschen auf der Erde.

5. Reist man mit einer offenen Maschine, dann nehme man eine gute Schutzbrille mit und setze eine Leder- oder Seidenmütze auf, um die Frisur zu schützen.

6. Es empfiehlt sich, beim Aufsteigen und Landen fortwährend zu schlucken und Alkoholgenuß ein paar Stunden vor dem Flug zu vermeiden.

7. Hochflieger sollten vorher Wasser abschlagen und keine Speisen wie Erbsen, Bohnen oder Schwarzbrot zu sich nehmen, die zu übermäßiger Gasbildung in den Därmen führen.

8. Man erzähle jedermann von den Erfahrungen des Fluges.«[51]

Viele praktische Dinge, die heute bei der Flugreise selbstverständlich sind, funktionieren in den 20er Jahren noch nicht reibungslos. So ist die Übelkeit der Fluggäste ein häufiges Problem, da die kleinen Maschinen sich viel unruhiger in der Luft verhalten als moderne Großflugzeuge. Die Erfindung der Papiertüte folgt bald. »Mit den Tüten gab es allerdings auch Ärger, denn oft, besonders bei böigem Wetter, griffen die empfindlichsten Passagiere schon gleich nach dem Abheben der Maschine zu den Tüten. Ohne an die Folgen zu denken, wurden die gefüllten Erleichterungshilfen einfach zum Fenster hinausgeworfen. Die Tempelhofer (...) Hausfrauen, die ihre frischgewaschene Wäsche noch auf den Balkonen und in den Gärten trocknen (...) ließen, waren ob des Segens, der da von oben kam, anfangs fassungslos. Dann aber stürmten sie wütend protestierend zum Verkehrsleiter des neuen Flugplatzes Tempelhof, und ihm blieb nichts anderes übrig, als Schadenersatz zu leisten.«[52]

Eine der wichtigen Errungenschaften in der Luftfahrt der 20er Jahre ist die Einführung des Nachtflugs; seit 1924 gibt es nächtliche Postflüge ab Tempelhof. Die erste Nachtflugstrecke der Welt für den Passagierflug wird am 1. Mai 1926 zwischen Berlin-Tempelhof und Königsberg eröffnet. Die Einrichtung dieser Strecke ist aufwendig, die gesamte Route muß mit Lampen und Scheinwerfern ausgestattet werden. Alle 25 bis 30 Kilometer wird ein

Werbeplakat der Luft Hansa, 20er Jahre.

Aufnahme des Linienflug-
verkehrs der Luft Hansa in
Tempelhof, 1926.

Drehscheinwerfer installiert, dazwischen im Abstand von 4 bis 5 Kilometern Neonlampen und Gasleuchten auf Masten oder Hausgiebeln. Das Berliner Flughafengelände ist durch rote Neonlichter eingefaßt. Sieben starke Scheinwerfer mit einer Lichtstärke von je 5.000 Watt erhellen nachts das Hallenvorfeld. Trotz Dunkelheit ist also der Nachtflug kein Blindflug, das heißt, die Piloten sind auf den Sichtkontakt zur Flughafenbefeuerung und zur »Lichterstraße« angewiesen. Die erste Nachtflugstrecke für Luftpost in Europa verläuft 1924 zwischen Warnemünde und Stockholm, und zwar entlang der Küste. So ‹önnen sich die Piloten an den Leuchttürmen orientieren, obwohl diese Strecke erhebliche Umwege bedeutet. In Amerika ist die Entwicklung des

Nachtflugs ähnlich weit vorangeschritten, ebenfalls 1924 wird zwischen Chicago und Cheyenne die erste Nachtflugstrecke des Landes für Luftpost eingerichtet. Das deutsche Nachtflug-Streckennetz wird schnell erweitert, 1929 verfügt Deutschland über das größte Netz Europas.

Inzwischen ist der »Blindflug« eingeführt, der Pilot kann nun das Flugzeug lediglich anhand der Bordinstrumente steuern. Die wichtigen Einrichtungen für den Blindflug sind der Höhenmesser, der Geschwindigkeitsmesser, der Wendezeiger, das Variometer (Steiggeschwindigkeitsmesser), die Funkpeilung und der Kompaß. 1927 wird der Flughafen Tempelhof für den Blindflugverkehr ausgerüstet. Auf den beiden Funktürmen des Flugplatzes

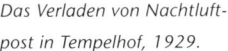

Das Verladen von Nachtluft-post in Tempelhof, 1929.

Der Flughafen bei Nacht, um 1929.

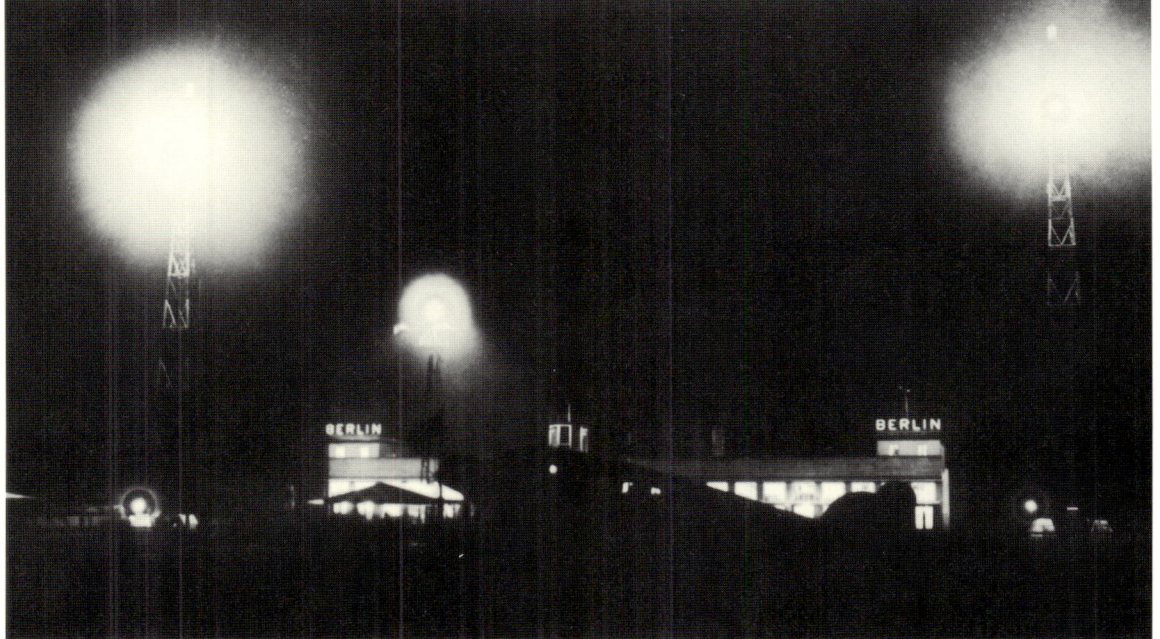

*Innenaufnahme einer
Albatros L 73, 1927.*

werden zwei Ansteuerungsscheinwerfer instal-
liert. Ab 1927 können sich Piloten der Luft
Hansa im Blindflug ausbilden lassen, ab 1929
ist es Lehrgangspflicht und die aufwendigen
Lichterstraßen werden überflüssig. Mit dem
Blindflug wird die Luftfahrt zunehmend unab-
hängiger vom Wetter, nun kann buchstäblich
»bei Nacht und Nebel« geflogen werden.
Eine andere Hürde wird 1928 überwunden,
das Sonntagsflugverbot. Erstmals an einem
Sonntag wird am 29. April 1928 auf der
Strecke Berlin-Paris geflogen. Noch ruht der
Flugverkehr im Winter, der Flugverkehr bei
Schnee und Minusgraden wirft vielfältige

Probleme auf, vom Räumen der Startbahn
über das Vorwärmen der Flugzeugmotoren
bis zur fehlenden Heizung in den Flugzeugen. Erst 1935 starten die Maschinen
auch bei Schnee und Eis. Bei der Einrichtung
neuer Flugstrecken sind nicht nur technische
Probleme zu lösen: »Während die Verwirklichung des Ozeanfluges mehr von dem
Fortschritt der Technik abhängig ist, scheint
die Betriebsaufnahme nach Sibirien, China
und Japan mehr in greifbarer Nähe zu stehen
und ist mehr eine Frage der politischen
Verständigung zwischen den interessierten
Ländern.«[53]

Berühmte Flugzeuge und Piloten in Tempelhof

Wieder setzte gestern die Völkerwanderung nach dem Flughafen Tempelhof ein. Chamberlin ist der Magnet, der aus den Mietskasernen, aus dem grandiosen Steinbaukasten Berlin die Menschenmassen hinaus nach Tempelhof lockt. (...) Auf dem Dachgarten des Empfangsgebäudes, des Mitroparestaurants sitzen buntgewürfelt Journalisten aller Länder und Zeitungen (...). Da taucht schon im Osten das Triumphgeschwader, das Chamberlin begleitet, auf. 5, 6, 10, 11, 14 Flugzeuge. (...) Die Menge rast, und jubelnde Hochs donnern bis in die höchsten Luftschichten. Da, da – der weiße Hochdecker ›NX 237‹. Das ist Chamberlin!«[54]

So euphorisch endet 1927 einer der ersten Transatlantikflüge. Die Piloten Clarence D. Chamberlin und Charles Levine landen am 7. Juni 1927 mit ihrer »Columbia« auf dem Flughafen Tempelhof. Erst zwei Wochen zuvor hatte Charles Lindbergh auf seiner »Spirit of St. Louis« den Atlantik überquert. Zur Erinnerung an den umjubelten Flug von Chamberlin und Levine wird 1929 die Prinz-August-von-Württemberg-Straße in Columbiastraße (seit 1950 Columbiadamm) umbenannt. In den 20er Jahren ist die Atlantiküberquerung per Flugzeug ein riskantes Unternehmen, allein zwischen 1927 und 1929 scheitern 21 von 31 Versuchen. 19 Menschen verlieren dabei ihr Leben.

Ein erfolgreicher Flug über den Atlantik gelingt auch den Piloten Köhl, Fitzmaurice und von Hünefeld. Sie sind 1928 die ersten, denen eine Überquerung in Ost-West-Richtung gelingt, was aufgrund von Westwinden die schwierigere Richtung ist. Mit der Junkers W 33 »Bremen« starten sie am 12. April 1928 in Irland, nachdem sie von Berlin-Tempelhof gekommen waren, und landen nach 36 1/2 Stunden in Kanada. Anschließend werden die Piloten in New York vom späteren US-Präsidenten Herbert Clark Hoover mit den Worten empfangen: »Sie haben eine große Tat vollbracht. Sie haben zum Fortschitt der Luftfahrt beigetragen und Europa und Amerika einander näher gebracht.«[55]

Nach ihrer Rückkehr reisen die drei berühmten Piloten durch Deutschland und besuchen im Juni 1928 auch den Flughafen Tempelhof. »Die Polizei ist (...) beschäftigt, mit umfangreichsten Absperrungen und Regelung des Autoverkehrs, der sich in einer Schlange ohne Ende zum Flugplatz ergießt. (...) Zahlreiche Verkäufer von Erfrischungen aller Art bahnen sich mühsam ihren Weg durch die Menge. Auch Flaggenhändler, friedlich nebeneinander schwarz-rot-goldene, schwarz-weiß-rote und auch ›gemischte‹, kommen auf ihre Kosten. (...) Da endlich kommen sie. Ein Geschwader von 34 Flugzeugen wird am Horizont sichtbar und ist auch schon über dem Flugplatz. Lang-

Landung der »Columbia«, 1927.

Der Flughafen bei Ankunft
der Piloten Köhl, Fitzmaurice
und von Hünefeld, 1928.

sam löst sich die ›Europa‹, das Schwester-
flugzeug der ›Bremen‹, von den übrigen
Maschinen und landet. Unter dem Jubel der
Tausenden rollt sie zum Publikum. Zuerst
steigt Köhl, dann Fitzmaurice und schließlich
v. Hünefeld aus der Maschine.«[56]

Auch berühmte Luftschiffe sind häufig Gast
auf dem Tempelhofer Flughafen. Dabei ist
Tempelhof kein Luftschiffhafen, im Unterschied etwa zu Staaken, wo man über Luft-
schiffhallen, fest installierte Ankermasten und
Gastanks verfügt, aus denen die Luftschiffe be-
füllt werden können. Das alles gibt es in Tempelhof nicht, somit können die Luftschiffe hier

nur zwischenlanden, um kurz darauf wieder
aufzusteigen. Im September 1929 landet erstmals LZ 127 »Graf Zeppelin« in Tempelhof,
das damals weltgrößte Luftschiff. Es hat eine
spektakuläre Fahrt hinter sich, eine 20 tägi-
ge Weltfahrt, die von Friedrichshafen über
Sibirien, Tokyo, San Francisco und Lakehurst
zurück nach Deutschland führt. 35.000 Kilometer hat das Luftschiff hierbei zurückgelegt.
In den folgenden Jahren landet »Graf Zeppelin« noch mehrmals in Tempelhof, und jedes Mal ist das der örtlichen Presse eine Mel-
dung wert, so auch im Mai 1931: »Das Luftschiff ›Graf Zeppelin‹, das Mittwoch vormittag
in Berlin-Staaken eingetroffen war, stieg um
1/2 3 Uhr zu einer mehrstündigen Fahrt, mit
Oberbürgermeister Dr. Sahm an Bord, auf und
landete gegen 6 1/2 Uhr nachmittags in Tempelhof. Auf dem Flughafen, der bei strah-
lendem Sonnenwetter geschmückt mit den
Fahnen in den Reichsfarben einen festlichen
Anblick bot, hatten sich viele Tausende eingefunden. Nach einem Aufenthalt von etwa ei-

Empfang der Piloten
Köhl, Fitzmaurice und von
Hünefeld, 1928.

ner Stunde flog das Luftschiff wieder nach Staaken, von wo aus am Donnerstag früh eine Fahrt nach Lübeck unternommen werden soll.«[57]

Anfang der 30er Jahre sind Luftschiffe den Flugzeugen noch in einigem überlegen, insbesondere auf Langstreckenflügen. Erst am Ende der 30er Jahre endet die Ära der wasserstoffgefüllten Luftschiffe. Die Katastrophe von Lakehurst 1937, bei der LZ 129 »Hindenburg« explodiert und 36 Menschen in den Tod reißt, führt aller Welt die Gefahr von Wasserstoff als Füllung der Luftschiffe vor Augen. Da das unbrennbare Helium als Alternative zum Wasserstoff zu dieser Zeit in Deutschland nicht verfügbar ist, wird der Verkehr mit Luftschiffen eingestellt. 1940 wird LZ 127 »Graf Zeppelin« auf Befehl Hermann Görings abgewrackt. Nach über 1,6 Millionen Flugkilometern auf

590 Flügen ist es das erfolgreichste Luftschiff aller Zeiten[58].

Zwei Flugzeuge, die Technikgeschichte geschrieben haben, landen 1931 in Tempelhof. Beide sind Produkte der Junkers-Flugzeugwerke in Dessau: die Junkers G 38 und die Ju 52. Die G 38 ist in den 30er Jahren das größte Landflugzeug der Welt, lediglich Flugboote wie die Dornier Do X sind größer. Vier Motoren mit insgesamt 3.000 PS ermöglichen der G 38 eine Reisegeschwindigkeit von über 200 km/h. Maximal 34 Passagiere finden Platz in dem fliegenden Ungetüm, enorm viel für damalige Verhältnisse. Erstmals gibt es in einem Verkehrsflugzeug ein Raucherabteil, was ansonsten noch völlig unüblich ist. Die rasante Entwicklung hin zu größeren Flugzeugen läßt sich gerade an der G 38 ermessen, mit 44 Metern Spannweite paßt sie nicht

Taufe der Junkers G 38 »Generalfeldmarschall von Hindenburg«, 1933.

mehr in die Tempelhofer Flugzeughallen, von denen man noch bei ihrer Eröffnung 1925 dachte, daß sie »für die Entwicklung langer Jahre ausreichend« seien[59]. Die G 38 kommt bei der Lufthansa auf der Strecke Berlin-Amsterdam-London zum Einsatz. Doch die Zeit ist noch nicht reif für so große Flugzeuge, die G 38 setzt sich nicht durch. Nur zwei Exemplare werden gebaut, eines davon, die Junkers G 38 D 2500, wird am 29. April 1933 in Tempelhof getauft:

»Heute nachmittag fand im Flughafen Tempelhof die feierliche Taufe des größten deutschen Landflugzeuges, der Verkehrsmaschine D 2500 in Gegenwart des Reichspräsidenten und des Reichsministers für Luftfahrt Göring

statt. Das Flugzeug wurde auf den Namen ›Generalfeldmaschall von Hindenburg‹ getauft und den Taufakt vollzog Reichsluftminister Göring. (...) Dem Taufakt wohnte eine nach vielen Tausenden zählende Menschenmenge bei. Unter den Ehrengästen hatten sich eingefunden Wehrminister von Blomberg, Oberbürgermeister Dr. Sahm, Staatskommissar Dr. Lippert, Vizekanzler von Papen, Reichsaußenminister von Neurath, (...) Weltflieger von Gronau, Reichsverkehrsminister Freiherr von Eltz-Rübenach, Staatssekretär Milch (...)«[60] Mehr Erfolg beschieden ist der Junkers Ju 52. Die »Tante Ju« wird durch ihre legendäre Zuverlässigkeit und Wirtschaftlichkeit weltweit zum populärsten Verkehrsflugzeug der 30er Jahre. Fast 5.000 mal wird sie in verschiedenen Ausführungen bis 1945 gebaut. Das dreimotorige Flugzeug ist kleiner als die G 38 und bietet maximal 17 Passagieren Platz. Die Ju 52 beschleunigt zahlreiche Flugverbindungen, mit einer Reisegeschwindigkeit von über 240 km/h ist sie spürbar schneller als bisherige Flugzeuge, die höchstens 180 km/h erreichen.

Insgesamt setzen sich in den 30er Jahren schnellere Verkehrsflugzeuge durch. Die Heinkel He 70 (1932), das schnellste Verkehrsflugzeug seiner Zeit, erreicht Reisegeschwindigkeiten von über 300 km/h. Mit der He 70 eröffnet die Lufthansa ab 1934 sogenannte »Blitzstrecken«, etwa zwischen Berlin und Frankfurt/Main. Erst mit den schnelleren Flugzeugen ab Anfang der 30er Jahre bringt die Flugreise eine Zeitersparnis gegenüber der Eisenbahn. Die Luftreise in den 20er Jahren ist kaum schneller als die auf dem Schienenweg, zumal Lage und Verkehrsanbindung der mei-

Reichspräsident Paul von Hindenburg und Ministerpräsident Hermann Göring bei der Flugzeugtaufe, 1933.

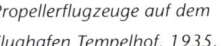

Propellerflugzeuge auf dem Flughafen Tempelhof, 1935.

Eine Junkers Ju 52 in Tempelhof, um 1934.

Die Focke-Wulf FW 200
»Condor« nach ihrem
Rekordflug auf dem New
Yorker Flughafen Floyd-
Bennett, 1938.

sten Flughäfen ungünstiger sind als die der Bahnhöfe.

Am Ende der 30er Jahre ist die Entwicklung von Verkehrsflugzeugen so weit fortgeschritten, daß mehrere Fluggesellschaften den regelmäßigen Transatlantikverkehr anstreben. Die wichtigsten Voraussetzungen sind ausreichende Größe und Reisegeschwindigkeit sowie Zuverlässigkeit der Maschinen. 1938 unternehmen die Piloten Henke und von Moreau den ersten Non-Stop-Atlantikflug, sie fliegen von Berlin nach New York. Mit ihrer Fernverkehrsmaschine, einer Focke-Wulf Fw 200 »Condor«, starten sie am 10. August in Staaken. Bei der Rückkehr stellen sie einen Rekord auf: Schon nach 19 Stunden und 54 Minuten landen sie in Tempelhof, niemand zuvor hatte den Atlantik so schnell überquert. »Aus den waghalsigen Sportflügen von einst (...) ist ein Ozeanverkehrsflug mit fahrplan-

mäßiger Genauigkeit geworden. Diese Genauigkeit und Sicherheit gewährleistet aber die Möglichkeit eines planmäßigen Handels- oder Postflugverkehrs zwischen den beiden Kontinenten. (...) Das großartige Ergebnis (...) hat die Grundlage für den zukünftigen Ozeanflugverkehr geschaffen.«[61]

Die Überquerung des Atlantik wird durch den Einsatz von Flugzeugen entscheidend beschleunigt. Gegenüber Schiffen und Luftschiffen sind Flugzeuge um ein Vielfaches schneller. Das macht sich auch bei der Postbeförderung bemerkbar. Anfang der 30er Jahre sind Postsendungen per Schiff rund drei Wochen von Europa nach Amerika unterwegs. Durch den Einsatz von Flugzeugen verkürzt sich die Zeit auf vier Tage. Die erste Passagierlinie zwischen Amerika und Europa richtet die amerikanische Fluggesellschaft PanAm im Juni 1939 ein.

*Ju-52-Verkehrsflugzeuge auf
dem Flughafen Tempelhof,
1938.*

Peter M. Grosz:
Erinnerungen an Tempelhof

Sieben Jahre war ich damals alt – 1933 –, als Tempelhof mein Leben wurde. Mein Vater, der expressionistische Maler George Grosz, war schon in den Staaten bei der Arts Students League, um dort expressionistische Malerei zu lehren, und meine Mutter folgte bald nach, um erstmal ein bißchen herumzuschauen, ob Amerika auch das Richtige wäre. Mein Bruder Martin und ich wurden derweil meiner Tante Elisabeth anvertraut. Für uns – die wir die Zusammenhänge noch nicht verstanden – waren das wundervolle Zeiten, die in der Erinnerung noch blühen.

›TaLi‹ war ein froher, intelligenter, lebenslustiger Mensch, selbst ohne Kinder, so daß wir nach allen Regeln der Kunst verwöhnt wurden. Schlittenfahren auf dem Kreuzberg, Eiscreme im Becher, Ausflüge im riesigen Wagen mit 80 aufregenden Kilometern auf der Avus und zum Geburtstag ein schneidiges Fahrrad, nagelneu und glitzernd. ›TaLi‹ wohnte direkt gegenüber vom Flugfeld Tempelhof an der Belle-Alliance-Straße – heute Mehringdamm –

in einem riesigen Berliner Wohnkasten, glücklicherweise im fünften Stock mit einer luftigen Loggia.

Was habe ich da alles erlebt von dieser Loggia – dem besten Sitz im Haus! Wie aufregend war es, den täglichen Flugverkehr zu beobachten – ganz zu schweigen von den spannenden Flugtagen! Vor meinem inneren Auge sehe ich heute immer noch das Luftschiff Graf Zeppelin, langsam und majestätisch kreisend, schier unfaßbar und hoch über dem gewöhnlichen menschlichen Begreifen. Darunter genauso langsam die Dornier Do X, mit zwölf tief-brummenden Motoren, wie ein vorgeschichtlicher Flugsaurier, sowie die damals ganz neue und eigenartige Junkers G 38 mit den dicken Flügeln, in denen Fluggäste tanzen konnten (oh ja, ich las schon als Kind Flugzeitschriften). Dann kleine flinke Dinger, die wie Libellen herumflitzten: bunt bemalte Doppeldecker und funkelnde Metall-Eindecker. Die habe ich alle wie besessen gezeichnet, und ich glaube, »TaLi« war zufrieden, daß Martin und ich uns selbst so vortrefflich unterhalten konnten.

Wie alle Jungs fing ich schnell an, mit dem Fahrrad in der Stadt kreuz und quer herumzurasen. Wer will nicht in die weite Welt hinaus? Zu der Zeit waren die Straßen noch verhältnismäßig leer, und um Tempelhof herum gab es schöne breite Alleen und Anlagen, wo man nach Lust und Laune üben konnte. Ich fahre noch heute so viel und mache Ferienreisen per Fahrrad, denn nur so sieht man wirklich die Landschaft. Und genauso sah ich Tempelhof und den Flugplatz en detail. Als kleiner Dreikäsehoch hatte ich natürlich keinen Zugang zum Inneren des Flugbetriebs. Aber was

Fluggäste in Tempelhof, 1926.

machte das schon! Damals waren die Gebäude klein, nicht so eng aneinander oder hoch gebaut, und das Gitter grenzte direkt an den Platz. War man geschickt genug, so konnte man sich im Handumdrehen zwischen das an Flugtagen dicht gedrängelte Zuschauerpublikum quetschen.

Und was für eine Prachtparade: Am Flugfeld war die Ehrengarde der deutschen Flugzeugkonstrukteure aufgestellt: Junkers, Dornier, Klemm, Focke Wulf, Sablatnig, Fieseler, Heinkel, Bucker, Udet (mein Held, immer noch), Messerschmitt, vielleicht auch Roland, Caspar, Albatros, Bücker und wer weiß was noch. Ab und zu auch fremder Besuch: Flugzeuge aus Frankreich, England oder Polen und der Tsche-

choslowakei, die meine Phantasie beflügelten mit den für mich komischen Abzeichen und romantischen schwerfälligen Passagieren. Wer konnte sich schon das Fliegen leisten?

Im Traum stand ich in dem herrlichen ›Duft‹ des stinkenden Auspuffs kalter Motoren, hörte begeistert jeden Knall und dann das kräftige Knattern der Zylinder, bis der Motor warm war und der Bodenlotse im grünen Anzug ›Bahn frei‹ winkte. ›Mensch – herrlich!‹ sagte ich zu meinen Schulkameraden.

Im Herbst ´933 ging ich für immer in die Staaten, habe manches vergessen, aber nicht Tempelhof und die Fliegerei. Für mich ist das Fliegen immer noch wie ein phantastischer Rausch…«[62]

Großflugtag auf dem Flughafen Tempelhof, 30er Jahre.

Expansion und Größenwahn

Überlastung

In den Jahren um 1930 ist Tempelhof, gemessen am Passagieraufkommen, der größte Flughafen Europas. Weder London noch Paris oder Amsterdam noch Frankfurt am Main haben höhere Fluggastzahlen aufzuweisen. 1929 verzeichnet der Flughafen Tempelhof über 42.000 Fluggäste, mehr als doppelt soviele wie 1925. Ein Drittel des deutschen Fluggastaufkommens wird in Tempelhof abgefer-

»Nationaler Flugtag«, Vorbeimarsch der Technischen Nothilfe, 1934.

tigt. Die Effektivität des Flugverkehrs steigt um 1930 rapide an, da größere und schnellere Flugzeuge in Dienst gestellt werden. Anfang der 20er Jahre ist die Junkers F 13 mit acht Plätzen das größte deutsche Passagierflugzeug. 1932 stellt die Lufthansa die erste Junkers Ju 52 in Dienst, sie kann schon mehr als doppelt soviele Passagiere aufnehmen. Diese Entwicklung setzt sich in den 30er Jahren fort mit Großflugzeugen und Schnellflugzeugen wie der Focke-Wulf Fw 200 oder der Junkers Ju 160. Zur Überlastung des Flughafens trägt auch die gestiegene Zahl der Flugverbindungen bei. 1930 werden von Tempelhof aus 71 Städte angeflogen, 25 davon im Ausland. Der Flughafen ist das »Luftkreuz Europas«, von keinem europäischen Flughafen gehen mehr Linien aus.

Kurz nach Inbetriebnahme des zweiten Bauabschnittes 1929 zeigt sich, daß selbst eine vollständige Umsetzung der Pläne von Klaus und Paul Engler mit der Entwicklung des Luftverkehrs nicht schritthalten könnte. Dabei ist mit dem zweiten Bauabschnitt nur ein Bruchteil der geplanten Gesamtanlage fertiggestellt. Die Flughafengesellschaft kommt bald zu der Erkenntnis, daß nur ein völliger Neubau des Flughafengebäudes den wachsenden Bedürfnissen genügen kann. Doch dieses Vorhaben ist angesichts der schlechten Wirtschaftslage nach 1929 nicht finanzierbar.

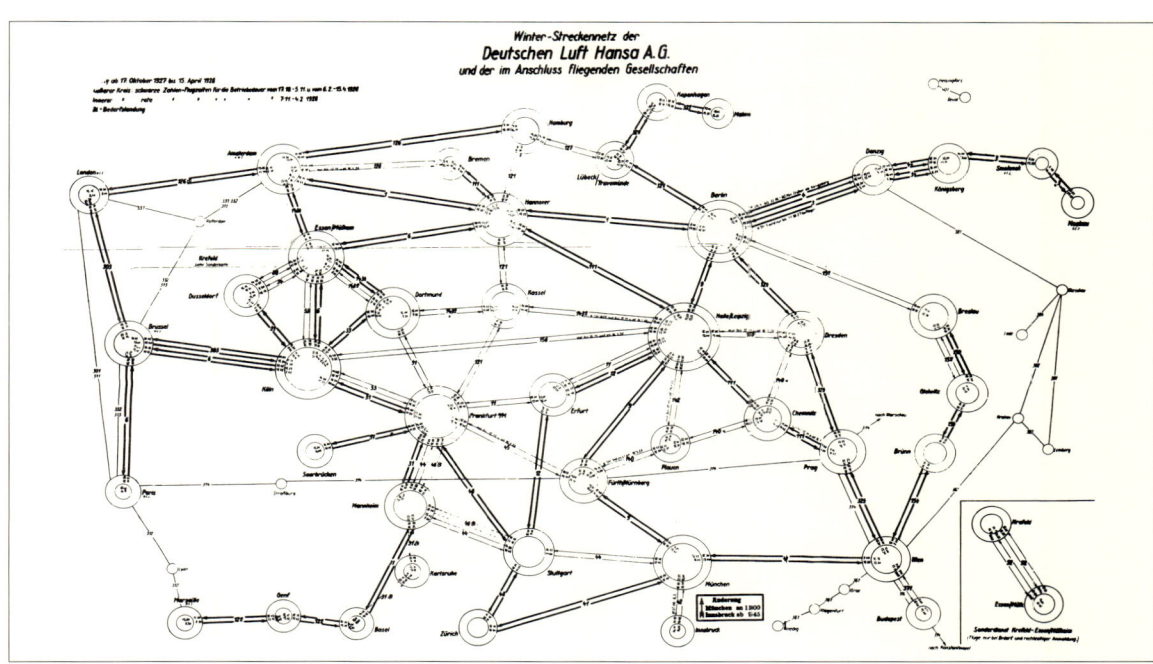

Winter-Flugplan der
Luft Hansa, 1927/28.

Sommer-Flugplan der
Lufthansa, 1934.

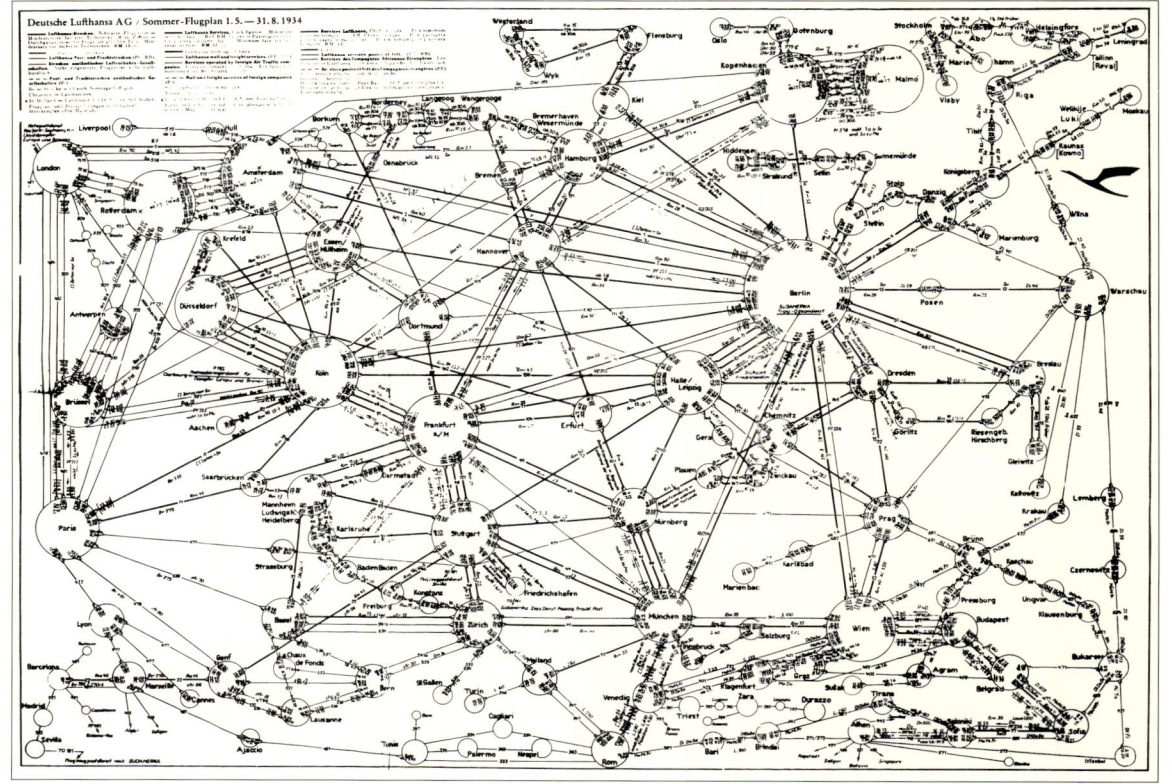

Großflugtag in Tempelhof,
1934.

Auftrag zum Neubau

Unmittelbar nach der Machtergreifung der Nationalsozialisten im Januar 1933 wird in Deutschland mit der Planung zahlreicher Großbauten begonnen. In München sind das vor allem die Bauten am Königsplatz (1933-35) und das »Haus der deutschen Kunst« (1933-37) von Paul Ludwig Troost, in Nürnberg entsteht das Parteitagsgelände (ab 1934) nach Plänen von Albert Speer. Schwerpunkt der NS-Bautätigkeit aber ist Berlin. Hier entstehen die Reichsbank (1933-38) von Heinrich Wolff, das Reichssportfeld mit dem Olympiastadion (1934-36) von Werner March sowie das Reichsluftfahrtministerium (1934-36) von Ernst Sagebiel. Der erste Verkehrsbau im Rahmen dieser Großprojekte ist der Flughafen Tempelhof.

Erste Planungen für einen Neubau des Flughafens gibt es 1933. Das Stadtplanungsamt entwickelt ein Konzept zur städtebaulichen Neugestaltung Berlins, ein Vorläufer der späteren Planungen Albert Speers[63]. Im Rahmen dieser Neugestaltung ist ein Neubau des Flughafengebäudes vorgesehen, doch die Pläne werden nicht präzisiert. Die Neubauplanung für den Flughafen wird zunächst geheimgehalten, der Direktor der Flughafengesellschaft spricht noch im Dezember 1933 von einer Vollendung der alten Anlage: »Da (...) das Abfertigungsgebäude erst ein Siebentel seines Gesamtprojektes darstellt, wird es möglich sein, sobald die erforderlichen Mittel zur Verfügung stehen, das Abfertigungsgebäude (...) zu vollenden.«[64]

Ein entscheidender Impuls für den Neubau ist ein Wunsch Hitlers: »Bereits im Januar 1934 beauftragte der Führer gelegentlich einer Landung auf dem Flughafen Tempelhof die (...) Flughafengesellschaft, die Unterlagen für eine Erweiterung des gesamten Geländes zu geben, da der Flughafen inzwischen viel zu klein geworden war.«[65]

Der Flughafen als Prestigeobjekt erscheint den Nazis besonders geeignet, nicht nur das deutsche, sondern auch das internationale Publikum zu beeindrucken; die Bedeutung der Reichshauptstadt Berlin soll in ihrem Flughafen Ausdruck finden. Der Föderalismus in der Zivilluftfahrt der 20er Jahre wird beendet und damit auch die Konkurrenz verschiedener Städte um ihre Bedeutung im Luftverkehr. Die zentrale Rolle erhält Berlin.

Der Flughafen soll nach Hitlers Vorstellungen durch seine Größe und Gestaltung »jede abfällige Kritik über Deutschland zum Verstummen« bringen, das Gebäude ein Zeichen des nationalsozialistischen Selbstbewußtseins werden, es soll die Expansion der zivilen und militärischen Luftfahrt augenfällig machen[66]. Als Werbung für das Dritte Reich mißt Hitler der Architektur generell große Bedeutung bei: »Wenn Völker große Zeiten innerlich erleben, so gestalten sie diese Zeiten auch äußerlich. Ihr Wort ist dann überzeugender als das gesprochene: Es ist das Wort aus Stein.«[67]

Der Architekt Ernst Sagebiel erhält 1935 den Auftrag zum Neubau des Flughafens Tempelhof. Bauherr ist das Reichsluftfahrtministerium, das zu diesem Zweck Rüstungsmittel aufwendet. Damit ist der Flughafenbau – finanziell gesehen – keine kommunale Bauaufgabe mehr, wie noch in der Weimarer Repu-

*Das Reichsluftfahrt-
ministerium an der
Wilhelmstraße, 1936.*

blik, sondern eine staatliche. Bemerkenswerter ist aber die Tatsache, daß er als Zivilflughafen aus einem Militäretat finanziert wird. Er soll »als Zentralflughafen des Reiches nach militärischen Gesichtspunkten ausgebaut werden.«[68] Tempelhof soll zwar kein Militärflugplatz werden, doch Hitlers Auffassung zufolge gehörten »Militärluftfahrt und Zivilluftfahrt (...) zusammen, sie müßten sich gegenseitig befruchten und der Ausbau von Tempelhof zu einem einzigartigen Flughafen sei für ihn (Hitler) ein Teil der erforderlichen Aufrüstung.«[69]

Das Reichsluftfahrtministerium wird im April 1933 gegründet, zuvor war die Abteilung Luftverkehr im Reichsverkehrsministerium zuständig für die zivile Luftfahrt. Hermann Göring wird Reichsluftfahrtminister, gleichermaßen zuständig für zivile und militärische Luftfahrt. Er baut eine umfangreiche Luftwaffe auf, erstmals seit dem Verbot von Luftstreitkräften in Deutschland durch den Versailler Vertrag. Die endgültige Genehmigung für den Bau des Flughafens erteilt Göring im Mai 1936[70].

Der Architekt Ernst Sagebiel

Der Architekt, der mit dem Flughafenbau beauftragt wird, ist 1935 kaum bekannt. Ernst Sagebiel ist gerade mit einem seiner ersten Aufträge beschäftigt, dem Bau des Reichsluftfahrtministeriums an der Berliner Wilhelmstraße (1934-36). Die schnelle Planung und Ausführung innerhalb von zwei Jahren empfiehlt den »Reichsschnellbaumeister« für weitere Großaufträge[71]. Bei der Vergabe des Auftrags zum Flughafenbau wird Sagebiels Organisationstalent hervorgehoben, von etwaigen gestalterischen Fähigkeiten ist nicht die Rede.

Sagebiel errichtet fast ausschließlich Bauten für die Luftfahrt, sowohl die zivile als auch die militärische. Ein Architekturlexikon schreibt 1937, er sei »im Aufbau der deutschen Luftwaffe« tätig[72]. Kurz nach Vollendung der Pläne für Tempelhof entwirft er die Flughäfen München-Riem, Stuttgart-Echterdingen und Wien. Er baut Dienstgebäude für die Luftkreiskommandos Münster (1937), Kiel und Königsberg (beide 1938).

Die wichtigsten Bauten Sagebiels entstehen aber in Berlin. Neben dem Luftfahrtministerium und dem Flughafen ist sein größtes Projekt der Umbau des Preußischen Landtages zum »Haus der Flieger« (1935-38). Ebenfalls in Berlin, am Zehlendorfer Hüttenweg, errichtet er Wohnhäuser für das Luftkreiskommando (1935-37).

Ernst Sagebiel wird am 2. Oktober 1892 in Braunschweig geboren. Das Architekturstudium in seiner Heimatstadt wird unterbrochen durch den Ersten Weltkrieg, den er als Soldat erlebt. 1922 schließt Sagebiel sein Studium ab und ist von 1924-28 Chefarchitekt im Büro von Jakob Koerfer in Köln. Koerfer baut in den 20er Jahren die ersten Hochhäuser in Deutschland. Ab 1929 arbeitet Sagebiel als Geschäftsführer des Büros von Erich Mendelsohn in Berlin, nach der Emigration Mendelsohns 1933 übernimmt er dessen Büro und rückt damit an eine der zahlreichen Leerstellen in Deutschland, die durch die massenhafte Emigration entstehen.

Der schnelle Erfolg Sagebiels im Dritten Reich spiegelt sich in seinen Wohnorten in Berlin. Bis 1935 wohnt er in der Marienfelder Estersstraße, ab 1936 im Nobel-Stadtteil Nikolassee, in der Cimbernstraße 13b. Bis 1939 ist Sagebiel ein vielbeschäftigter Architekt, anläßlich seines 50. Geburtstages schreibt eine Bauzeitschrift 1942: »Eine Reihe von Aufträgen, an denen Sagebiel bis zum Ausbruch des Krieges arbeitete, haben aufgeschoben werden müssen«[73]. Noch 1943 unterhält er ein Büro in der Mohrenstraße 11/12 im Bezirk Mitte.

Nach Kriegsende ist er nicht mehr als Architekt tätig. Er zieht nach Starnberg, wo er am 5. März 1970 stirbt.

Richtfest im Reichsluftfahrtministerium, links Hermann Göring, rechts Ernst Sagebiel, 12.10.1935.

Der größte Flughafen der Welt

Weniger als ein Jahr braucht Sagebiel, um die Pläne für den Flughafen zu entwickeln. 1935 erfährt die Öffentlichkeit von den Neubauplänen zum Flughafen Tempelhof, 1936 stellt Sagebiel erstmals ein Modell der Anlage vor, im Mai des selben Jahres beginnen die Bauarbeiten, kurz nach der endgültigen Genehmigung durch Hermann Göring. Die achsensymmetrisch konzipierte Anlage ist für einen Flughafenbau der 30er Jahre enorm groß. Bis zu 6 Millionen Fluggäste sollen jährlich abgefertigt werden können, tatsächlich werden 1935 in Tempelhof nur rund 200.000 gezählt. Die Anlage ist also für das dreißigfache des damaligen Passagieraufkommens ausgelegt, das Flughafengebäude wird damit das größte seiner Art auf der Welt. Bis heute sind die Tempelhofer Flughafenbauten der größte Gebäudekomplex Europas und der viertgrößte der Welt gemessen an der Bruttogeschoßfläche, die in den Flughafenbauten etwa 300.000 Quadratmeter beträgt. Weltweit sind lediglich das Pentagon, das World Trade Center und das Space Center in den USA größer. Nach Hitlers Auffassung muß der neue Flughafen »so gebaut werden, daß er noch nach mehreren Generationen den Luftverkehr bewältigen kann.«[74]

Doch nicht nur ein neues Flughafengebäude wird gebaut, auch das Gelände wird 1935 erheblich vergrößert, um längere Startbahnen anlegen zu können. Nach Aussage des damaligen Direktors der Flughafengesellschaft geht die Vergrößerung zurück auf den »Ausspruch des Führers, daß jeder Quadratmeter Tempelhofer Feldes dem deutschen Luftverkehr gehören muß.«[75] Im Westen reicht das ellipsenförmige Areal nun bis an die Berliner Straße (heute Tempelhofer Damm), im Norden bis an die Columbiastraße (heute Columbiadamm). Die Fläche des Flughafengeländes wächst damit von 100 auf 400 Hektar[76]. Die Grundstücke rund um das alte Flughafengelände sind in der Mitte der 30er Jahre noch größtenteils unbebaut. Opfer der Erweiterung werden Kleingartensiedlungen, Sportplätze, ein Teil des Garnisonfriedhofs am Columbiadamm und ein Teil des Volksparks Hasenheide. Um Platz für das Flughafengebäude am Columbiadamm zu schaffen, wird 1938 das sogenannte »Columbiahaus« abgerissen, eine ehemalige Militärarrestanstalt, die zu den Kasernen nördlich des Columbiadamms gehörte. Sie stand als einziger Bau aus diesem Komplex südlich des Columbiadamms, etwa in Höhe der Einmündung der Golßener Straße. 1934-36 als »wildes Konzentrationslager« von SA und Gestapo benutzt, werden hier Gegner des Regimes gefoltert und ermordet. Im Zuge des Flughafenbaus wird das Konzentrationslager Columbiahaus Ende 1936 aufgelöst, die Insas-

Modell des Flughafens Tempelhof, Aufnahme um 1939/40.

Ernst Sagebiel (links) am Modell des Flughafens, Aufnahme um 1939/40.

sen werden ins Konzentrationslager Sachsenhausen bei Oranienburg gebracht.

Der Rohbau des neuen Flughafengebäudes wird nach nur 18 Monaten Bauzeit fertiggestellt, das Richtfest findet am 4. Dezember 1937 statt.

»Im Namen der Belegschaft begrüßte zunächst Prof. Sagebiel den Ministerpräsidenten und dankte allen, die an dem Bau mitgeholfen haben, für ihre hingebungsvolle (...) Arbeit. Oberbürgermeister und Stadtpräsident Dr. Lippert gab anschließend dem innigen Dank der Stadtverwaltung für die Tatkraft des Ministerpräsidenten Ausdruck (...). Nunmehr ergriff Ministerpräsident, Generaloberst Göring, selbst das Wort. Nach herzlichen Worten an die Arbeiterschaft und Prof. Sagebiel als dem Manne, der diesen Bau erdacht und geleitet habe, gedachte er in tiefer Dankbarkeit des Führers, der allein dadurch, daß er das gewaltige Bauwerk des neuen Reiches schuf, auch diesen Bau ermöglicht habe. Den neuen Berliner Flughafen bezeichnete Generaloberst Göring als das stolze Wahrzeichen der neuen deutschen Luftfahrt, das einzigartig in seiner Größe, Schönheit und Zweckmäßigkeit dastehen werde. (...) In einer anschließenden Feier in der Abfertigungshalle des neuen Flughafengebäudes gab der Reichsminister der Luftfahrt dann mit drei Hammerschlägen den Auftakt

*Stadtplan Berlins mit dem
Flughafengelände, um
1936.*

zur Einmauerung einer Gedenkurkunde, die mit den Worten schließt: ›Im großen Aufbauwerk unseres Führers Adolf Hitler sollen auch diese Bauten von der Arbeitsfreude und Arbeitskraft des im Nationalsozialismus geeinten Deutschen Volkes Zeugnis ablegen. Mögen diese Bauten im Dienste des Friedens und der Verkehrs unter den Völkern als Monumente aus großer deutscher Zeit die Jahrhunderte überdauern!‹«[77] Hermann Göring erinnert auch an zwei tödliche Arbeitsunfälle während der Bauarbeiten. »Nach Worten des Dankes (...) gedachte er auch mit Worten herzlichster Teilnahme der beiden Arbeitskameraden, die

in treuer Pflichterfüllung bei dem Bau ein Opfer ihrer schweren Arbeit wurden.«[78] »Im Anschluß daran fand eine Sonderfeier in der Abfertigungshalle des neuen Flughafengebäudes statt, in der in Gegenwart des Generalobersten Göring eine Gedenkurkunde eingemauert wurde. In der Deutschlandhalle folgte dann der Richtschmaus für die am Bau Beteiligten.«[79]

Bereits zum Richtfest werden Teile des Neubaus bezogen, die 9.000 Büroräume sind schon zu diesem Zeitpunkt fertiggestellt. Die Einrichtungen für den Flugverkehr sollen im Frühjahr 1939 in Betrieb genommen werden.

Trotz seiner Größe fügt sich das Flughafengebäude ins Stadtbild ein. Sagebiel schafft eine
Verbindung zwischen Flughafen und umge-
bender Bebauung durch die Bauten am runden Vorplatz mit 250 Metern Durchmesser,
dem heutigen Platz der Luftbrücke. Der Platz
ist etwa zur Hälfte umgeben von gebogenen
Baukörpern, die 1938 von Dienststellen der zivilen Luftfahrt bezogen werden, von der Flug-
hafenleitung, der Flughafengesellschaft, der
Lufthansa-Hauptverwaltung, dem Reisewetter-
dienst und der Hansa-Luftbild-Gesellschaft.
Heute befinden sich unter anderem das Wet-
teramt Berlin und eine Dienststelle der Bun-
desschuldenverwaltung in ihnen. Die Bauten
sollten westlich des Tempelhofer Damms fortgesetzt werden und einen kreisrunden Platz
umschließen, an dem man schließlich alle Institutionen der Luftfahrt vereinen wollte. Diese
Bauteile werden nicht mehr begonnen. Ebenfalls nicht ausgeführt wird ein geplantes run-
des Wasserbecken in der Platzmitte.

Vom dem Vorplatz gelangt der Fluggast in den
rechteckigen Vorhof mit einer Tiefe von 90
und einer Breite von 80 Metern. An zwei Seiten ist der Hof von dreigeschossigen Büro-
trakten flankiert, deren Erdgeschoß zurück-
springt und kolonnadenartige Gänge bildet.
Zu beiden Seiten des Vorhofes sollten im Erdgeschoß Geschäfte sowie ein Luftpostamt untergebracht werden. Den Abschluß des Vorhofes bildet das 30 Meter hohe Empfangsgebäude, ursprünglich bekrönt von einem
Reichsadler, dessen Postament noch erhalten
ist. Der Eingangsbereich erfüllt vor allem repräsentative Ansprüche. Der rechteckige Vorplatz bildet einen Ehrenhof, wie er in der NS-
Architektur öfter zu finden ist. Sagebiel hatte

Fundamente der Stahlstützen,
um 1938.

Der Flugsteig im Bau,
um 1938.

Bauarbeiten am Flughafen,
um 1938.

Bauarbeiten am Flughafen,
um 1937.

schon den Eingang zum Reichsluftfahrtministerium mit einem Ehrenhof gestaltet.

Direkt hinter der Eingangstür betritt der Besucher eine querliegende Empfangshalle, die sich über die gesamte Breite des Vorplatzes und über die Höhe von drei Geschossen erstreckt, aber nur eine Tiefe von wenigen Metern hat. Entlang der gesamten Breite der Empfangshalle, die auch »Ehrenhalle« genannt wird, sollten 21 Eingangstüren den reibungslosen Publikumsverkehr ermöglichen. »Der Fluggast betritt (...) die eigentliche Empfangshalle, die nichts mehr gemein haben wird mit einer ›Bahnhofshalle‹, die oft mehr abstoßend als anziehend wirkt. Mit (...) ihren Reisebüros, den Buch- und Zeitungsständen, den Läden für den Reisebedarf erfüllt sie ihren Zweck.«[80]

Heute läuft der Fluggast zwar noch durch diese Halle, doch sie ist in ihrer Höhe nicht mehr erkennbar, da um 1960 eine Zwischendecke eingezogen wurde. Darüber befindet sich die Halle bis heute im Rohbauzustand. Lediglich an der Fassade deuten die langgestreckten Fenster auf die eigentliche Höhe hin. Im oberen Teil der Halle ragen bis heute Stahlarmierungen aus den Wandpfeilern. Sie sind offensichtlich zur Aufstellung von Skulpturen vor den Wandpfeilern vorgesehen gewesen.

An die Empfangshalle ist über eine Treppe die große Abfertigungshalle angeschlossen. »Noch imposanter und technisch hervorragend gelöst ist die eigentliche Abfertigungshalle, die sich an die Empfangshalle anschließt. Allein die Ausmaße von 50 Metern Breite, 100 Metern Länge und 19 Metern Höhe geben einen Begriff von der Kühnheit des Architekten, die Weite des Luftmeeres in architektonischer Form wiederzugeben.«[81] Kein Flughafen der Welt besitzt in den 30er Jahren eine vergleichbar dimensionierte Abfertigungshalle. Hier sollen unter anderem Flugschalter, Flugscheinausgabe, Zoll, Paß- und Devisenkontrolle, Reisegepäckaufgabe und -ausgabe eingerichtet werden. An diese Halle schließt sich der Flugsteig an, in dem die Passagiere trockenen Fußes die Flugzeuge erreichen können.

»Sobald man von der vorgelagerten Empfangshalle die eigentliche Abfertigungshalle (...) betritt, bemerkt man, daß der hintere Abschluß des Raumes, also in einer Entfernung von 100 Metern, aus großen Glasflächen besteht. Diese Fensterwand öffnet den Blick auf das Rollfeld, beziehungsweise auf den vorgelagerten, überdeckten Flugsteig. Der Architekt will damit auf die ungeheuere Weite des Rollfeldes und darüber hinaus auf die Unendlichkeit des Luftmeeres vorbereiten. Noch während man seinen Flugschein löst oder sich am Gepäckschalter aufhält, sieht man bereits die Silhouetten der großen Verkehrsflugzeuge, und so vollzieht sich unbewußt die immer wieder reizvolle innere Umstellung auf das andere Element. Aus dieser Halle kommt man über einen Verteilungsflur zu dem am Rollfeld liegenden 380 Meter langen gedeckten Flugsteig. Im Luftverkehrswesen der ganzen Welt wird es etwas völlig neues sein, daß selbst die größten Verkehrsflugzeuge für die Aufnahme oder Abgabe der Fluggäste vom Rollfeld unter einen überdachten Flugsteig rollen.«[82]

Anstelle der Glaswand zwischen Halle und Flugsteig ist heute eine Aluminiumwand ein-

gezogen, hinter der sich das Flughafenrestaurant befindet.

Eine der spektakulärsten Neuheiten in der Flughafenarchitektur ist der überdachte Flugsteig. Er hat eine Höhe von 12 Metern und erstreckt sich über eine Breite von 380 Metern. Das Dach des Flugsteigs ist eine 40 Meter weit auskragende Stahlkonstruktion, die auf der gesamten Breite ohne Stützen auskommt. Sogar modernere Mittelstrecken-Jets wie die Boeing 727 können in diesen Flugsteig einfahren. Der Flugsteig ist das Mittelstück einer etwa 1.200 Meter langen Front von Flugzeughallen, die im Grundriß einen Viertelkreis bildet. Schon 1939 erhält der Flughafen wegen der gebogenen Hallenfront vom Berliner Volksmund den Namen »Kleiderbügel«[83]. Die Hallen bieten Platz für 120 »Großverkehrsflugzeuge«, nach Größenordnungen der 30er Jahre allerdings, moderne Jumbo-Jets wie die Boeing 747 passen nicht hinein. Die Flugzeughallen sind konstruiert wie der Flugsteig, allerdings sind sie – im Unterschied zum offenen Flugsteig – mit elektrisch betriebenen Toren verschließbar. In den Flugzeughallen befinden sich außer Unterstellplätzen auch Einrichtungen zur Reparatur, Reinigung und Wartung sowie zum Betanken der Flugzeuge. Auf dem Vorfeld der Hallen gibt es darüber hinaus Ankerplätze, an denen Flugzeuge unter freiem Himmel abgestellt werden können.

Das Dach der Flugzeughallen und des Flugsteigs besteht aus einer Stahlkonstruktion. Im Abstand von knapp 17 Metern sind insgesamt 24 Hauptstützen installiert. Um die erforderliche Stabilität zu erreichen, sind die Stützen in Fundamente eingelassen, von denen jedes aus bis zu 200 Kubikmetern Eisenbeton besteht.

Die Ehrenhalle oberhalb der Zwischendecke, Aufnahme 1996.

Der überdachte Flugsteig ist nicht nur eine bautechnische Leistung, sondern auch ein Schritt hin zu einer komfortableren Flugreise. In den 30er Jahren ist es üblich, daß die Fluggäste bei jedem Wetter zu Fuß über das Vorfeld zum Flugzeug gelangen. Das ist in Tempelhof nun nicht mehr nötig.

Trotz der riesigen Ausmaße des Gebäudes sind die Wege für den Fluggast kurz. Direkt vor den Haupteingangstüren kann er aus PKW oder Bus steigen und durchschreitet im Gebäudeinnern lediglich eine lineare Folge von Hallen, beginnend mit der Empfangshalle über die Abfertigungshalle bis zum Flugsteig. Diese Funktionalität ist eine der Qualitäten des Flughafengebäudes. Funktional an Sagebiels Konzept ist auch ein neuartiges Abfertigungssystem. Passagiere, Fracht und Post sollen auf verschiedenen Ebenen abgefertigt werden. Unter der Abfertigungshalle für die Passagiere befindet sich die Gepäckabfertigung, und zwar auf derselben Ebene wie das Rollfeld. Das Gepäck der Passagiere wird nach der Annahme auf Elektrokarren verladen und durch Fahrstühle in die Gepäckebene transportiert. Unter der Gepäckebene liegt eine weitere Ebene auf Kellerniveau, acht Meter unter der Abfertigungshalle, die Fracht- und Postebene. Hier wird die Luftfracht von Straße und Schiene zum Verladen in die Flugzeuge vorbereitet. Zu beiden Seiten der Frachtabfertigungshalle befinden sich auf der Ebene des dritten Untergeschosses zwei große Innenhöfe, die per LKW von der Straße aus zu erreichen sind. Der östliche Hof sollte der Postabfertigung dienen, der westliche der Frachtabfertigung. Somit verfügt der Flughafen über eine leistungsfähige Anbindung an das Straßennetz, die durch den rasanten Anstieg des Luftfrachtaufkommens erforderlich geworden war. Alle drei Ebenen, die Passagier-, die Gepäck- und die Frachtebene, führen über

Der Flugsteig, Aufnahme von 1955.

Treppen oder Rampen zu den wartenden Flugzeugen im Flugsteig. Das neue Abfertigungssystem mit kurzen Wegen für Passagiere und Fracht soll zur Schnelligkeit und Effektivität des Flugverkehrs beitragen.

Funktional ist auch die Konstruktion des Flughafengebäudes. Mit Ausnahme der Flugzeughallen besteht das gesamte Gebäude aus einem Stahlbetonskelett, das an den Fassaden mit Natursteinplatten verkleidet ist – eine Bauweise, die im Dritten Reich sehr häufig Anwendung findet. Beim Flughafen Tempelhof werden gelbliche Muschelkalkplatten aus Baden verwendet, die Fensterrahmungen bestehen aus hellerem Jurakalkstein. Die eigentliche Konstruktion der Architektur wird so verschleiert, vordergründig entsteht der Eindruck, das Gebäude bestehe aus massiven Natursteinblöcken.

Der Rohbau des Flughafengebäudes kann nur deshalb in so kurzer Bauzeit fertiggestellt werden, weil viele Bauteile vereinheitlicht sind: »Ein wichtiges Kennzeichen des Stahlbaues ist die Vereinheitlichung, die sich als Normung auf Abmessungen, Formen, Güten, Begriffe, Behandlungs- und Bearbeitungsvorschriften, Sicherheitsbestimmungen usw. erstreckt. Wirtschaftlichkeit ist, wenn nicht das einzige, so doch das wichtigste Ziel der Normung. (…) Wenn heute statt 50 Arten von Sechskantschrauben deren nur noch 10 verwendet werden, so kann es nicht mehr vorkommen, daß der dringend benötigte Werkstoff dadurch dem Verbrauch entzogen ist.«[84]

Der Fluggast bekommt bei seiner Abfertigung nur einen kleinen Teil der Flughafenanlage zu Gesicht. Insbesondere die 9.000 Büroräume mit einer Gesamtfläche von 115.000 Quadrat-

Flughafengebäude Tempelhof, Luftaufnahme, um 1955.

metern bleiben ihm verborgen, zumal sie nicht ausschließlich von Einrichtungen der Luftfahrt genutzt werden. Bis heute werden nur 14% der Bruttogeschoßfläche im Gebäude für den Flughafenbetrieb genutzt, der Rest wird von Büroräumen eingenommen. Die Büros sind zu beiden Seiten des Vorhofs untergebracht und in den Bauteilen zu beiden Seiten der Abfertigungshalle. Weitere Büroräume finden sich in dem gebogenen Baukörper, auf der Stadtseite der Flugzeughallen. Ein Teil der Büros hat Fenster zu den riesigen Flugzeughallen, andere sind zur Stadtseite ausgerichtet, mit Blick auf den Tempelhofer Damm oder den Columbiadamm. Die Büros an den Flugzeughallen werden durch scheinbar endlose Gänge erschlossen, die die Krümmung des Baukörpers nachvollziehen. Der Zugang zu den drei Bürogeschossen erfolgt über 13 Treppentürme, die in Abständen von etwa 70 Metern an den Bau angesetzt sind. Die Treppentürme werden nicht nur zur Erschließung der Büroräume eingerichtet, sie sollten ursprünglich den Zugang zu einer gewaltigen Tribünenanlage auf dem Dach der Flugzeughallen bilden. Zu Flugschauen wie

den »Reichsflugtagen« sollten 80.000 Menschen auf den Dächern Platz finden, der Flughafen sollte zum »Luftstadion« werden, das Vorfeld vor den Flugzeughallen als Parkplatz für Autos genutzt werden: »Nach amerikanischem Muster wird den Kraftwagenbesitzern somit die Möglichkeit gegeben, von ihren eigenen Wagen aus den Vorgängen der Veranstaltung zu folgen. Die Plätze bieten Raum für 10.000 Kraftfahrzeuge.«[85] Zusätzlich sind rund um das Flughafengelände abgetreppte Rasenstreifen geplant, Platz für eine Million Zuschauer. Im Prinzip ist das keine neue Idee, schon der Flugplatz Johannisthal hatte Publikumsbereiche und Tribünen, und auch auf dem Dach des alten Tempelhofer Hauptgebäudes von 1927/29 gab es eine Aussichtsterrasse. In Tempelhof finden seit 1925 erfolgreiche Flugschauen statt, die ein breites Programm von Attraktionen bieten, von der Ver-

losung von Freiflügen, von Luftakrobatik und Kunstflügen bis zu Flugzeugrennen. Bei den Rennen werden als Wendemarken der Turm des Tempelhofer Ullstein-Hauses, der Sarotti-Schornstein und die Funktürme auf dem Flugplatz benutzt.

Im Dritten Reich sollen die Flugschauen zu Massenveranstaltungen ausgeweitet werden, dabei wird ihr friedlicher Volksfestcharakter zugunsten des Charakters einer Propagandaveranstaltung aufgegeben: »In Zukunft (wird) die deutsche Luftwaffe auf dem jährlich stattfindenden Reichsflugtag in dem zu einem wahren Luftstadion ausgebauten neuen Flughafen Berlin uns Deutschen zeigen, daß wir über die mächtigste Luftwaffe der Welt verfügen.«[86]

Der Flughafen Tempelhof sollte einen Beitrag dazu leisten, aus den Deutschen »ein Volk von Fliegern« zu machen, wie der ehemalige

Kampfflieger Hermann Göring es formulierte. So stellt sich Hitler die gegenseitige »Befruchtung« von Militär- und Zivilluftfahrt vor, die »Reichsflugtage« sollen Begeisterung für die Luftwaffe hervorrufen. Zur Osterflugschau 1933 wird während einer Flugvorführung eine Panzerwagenattrappe mit Mehlsäcken »bombardiert«, scheinbar eine Spielerei. Die Popularität von Piloten wie Ernst Udet wird für NS-Flugschauen genutzt. Udet hatte sich in den 20er Jahren als Kunstflieger in die Herzen zahlloser Luftfahrtfreunde »geflogen«. 1934 präsentiert er vor 120.000 Zuschauern ein neues Flugzeug, ein Geschenk Hermann Görings, die »Curtiss Hawk«. In der Typenbeschreibung ist die amerikanische Maschine geführt als »Hochleistungsjagdflugzeug, das den Himmel für Aufklärungs-, Schlacht- und Bombenflugzeuge freikämpfen kann und als Höhenjäger und Sturzkampfflugzeug geeignet ist.«[87]

In der projektierten Form haben die »Reichsflugtage« nicht stattgefunden, da die Dachtribünen nicht fertiggestellt worden sind, lediglich die abgetreppten Ränge auf den Hallendächern sind noch heute zu erkennen. Ebenfalls auf dem Dach des Flughafengebäudes, über dem Flugsteig und der Abfertigungshalle, sollte ein Restaurant für 3.000 Gäste mit einem Festsaal für 800 Personen entstehen, das die Versorgung der 80.000 Zuschauer auf den Tribünen gewährleistet. Über dem Restaurant waren Betriebsbüros und die Kommandobrücke des Flughafens vorgesehen, 30 Meter über der Ebene des Rollfeldes. Schon vor der Fertigstellung des Rohbaus verzögern sich die Bauarbeiten durch Materialengpässe. Seit 1936/37 sind Beton und Stahl kontingentiert, weil sie für kriegswichtige

Bauten gebraucht werden. Dazu zählt der Flughafen Tempelhof offenbar nicht, obwohl er nach Hitlers Worten »ein Teil der Aufrüstung« ist[88]. Trotz des Mangels an Baumaterialien werden die Arbeiten im Rahmen der Möglichkeiten weiterbetrieben. Erst 1943 werden die Bauarbeiten endgültig eingestellt.

Neben dem Flughafengebäude wird auch sein städtebauliches Umfeld nicht vollendet. Der runde Vorplatz (heute Platz der Luftbrücke) ist nur teilweise fertiggestellt. Nicht ausgeführt ist eine lange Wasserkaskade, die vom Kreuzbergdenkmal bis zum runden Vorplatz führen und dort in das runde Wasserbecken münden sollte. Diese Kaskade war als Verlängerung der Achse der Abfertigungshalle und des rechteckigen Vorhofes in der Mittelachse der Flughafenanlage geplant. Der Bezug zwischen dem Flughafen und dem Denkmal für die Befreiungskriege ist keinesfalls nur als eine Maßnahme der Stadtgestaltung zu verstehen. Ein assoziativer Zusammenhang soll nahegelegt werden: das Schinkelsche Kreuzbergdenkmal, als Zeichen nationaler Stärke und Wehrhaftigkeit verstanden, wird in Beziehung zu einem modernen Denkmal für nationale Stärke, dem Flughafen, gesetzt.

Das Hallendach, Aufnahme 1996.

Areal des Flughafens
Tempelhof, Aufnahme um
1960.

Im südwestlichen Zipfel des Rollfeldes sieht Ernst Sagebiel einen Betriebshof mit Anschluß an das Flughafengleis vor, der »in erster Linie den Maschinenpark und die Arbeiterkolonnen für die Pflege einer Grasnarbe von 2.500 Morgen (...) beherbergt. (...) Zahlreiche Kraftwagen, mehrere Lokomotiven, Gefolgschaftsräume und soziale Wohlfahrtseinrichtungen, eine große Landschaftsgärtnerei u.a.m. finden hier (...) ihre Unterbringung. Von hier aus geschieht auch die Überwachung der großzügigen Energieversorgungsanlage für den neuen Flughafen.«[89]

Für den Nachtflugverkehr ist eine Kenntlichmachung von Hindernissen im Umfeld des Flughafens sowie eine umfangreiche Befeuerung des Flugfeldes vorgesehen. Dazu sollte auch eine Landebahnleuchte gehören, ein lichtstarker Scheinwerfer, der den Piloten die Landerichtung anzeigt. Zur nächtlichen Sicherung des Flughafengebäudes ist geplant, die Umrisse des Baus mit blauen Neonröhren kenntlich zu machen[90]. Diese Befeuerungsanlage wird nicht installiert, weil der Flugverkehr noch auf der alten Anlage abgewickelt wird, die eine eigene Befeuerung hat.

Durch die Lage des Neubaus im Nordwesten des Geländes kann auf der alten Flughafenanlage der Verkehr weiterhin reibungslos abgewickelt werden. Erst nach der Inbetriebnahme des Sagebielschen Baus, die für das Jahr 1939 geplant ist, soll der alte Flughafen

Der Flugsteig, um 1950.

abgerissen werden. Da der Krieg die Fertigstellung des Neubaus verhindert, bleibt der alte Flughafen bis zum Frühjahr 1945 in Betrieb. Nach Kriegsende wird die alte Anlage komplett abgerissen.

Die Einrichtungen für den Flugbetrieb im neuen Gebäude sind bis zum vorläufigen Ende der Bauarbeiten 1943 allesamt nicht fertiggestellt worden, ebensowenig die von Sagebiel geplante neue Start- und Landebahn. Der Betriebshof wird gar nicht gebaut, die Abfertigungshalle erst nach dem Krieg in Betrieb genommen. Das Flughafenrestaurant auf dem Dach der Abfertigungshalle ist nur im Rohbau fertiggestellt, das von Sagebiel entwickelte Konzept für die Betriebsabläufe im Flughafen ist auch nach Kriegsende nicht vollständig umgesetzt worden. Das war vor allem deshalb nicht möglich, weil der Flughafen in den Nachkriegsjahren nur abschnittweise für den zivilen Luftverkehr freigegeben wurde. Die Abfertigungshalle etwa wird erst 1962 ihrer Bestimmung übergeben, die darunter gelegene Frachtebene ist nie zur Frachtabfertigung benutzt worden, heute dient sie der Flughafengesellschaft als Lagerraum. Der Rohbau des Flughafenrestaurants über der Abfertigungshalle wird nicht als Restaurant vollendet, sondern beherbergt heute die Deutsche Flugsicherung.

Keller und Tunnel

Unter dem gesamten Flughafengebäude erstreckt sich ein weitläufiges System von Kellerräumen und Tunneln, das oft Anlaß zu Legendenbildung bot. Die Keller beherbergen zum Teil Versorgungseinrichtungen und -leitungen. Zahlreiche Räume sind als Luftschutzkeller entstanden, die bereits 1935 im Hinblick auf einen möglichen Krieg konzipiert werden. Ebenfalls 1935 hatte das Reichsluftfahrtministerium an der Wilhelmstraße den ersten Luftschutzkeller Berlins erhalten. Hermann Göring hatte 1933 den Luftschutzbund gegründet, eine »Organisation des Selbstschutzes der Zivilbevölkerung« vor möglichen Luftangriffen. Göring zeichnet immer wieder Schreckensbilder einer Bedrohung Deutschlands aus der Luft, gegen die das deutsche Militär ohne schlagkräftige Luftwaffe machtlos sei. Vor der Bevölkerung werden die Luftschutzkeller im Flughafengebäude bis zum Beginn des Zweiten Weltkrieges geheimgehalten; noch bei einer öffentlichen Besichtigung

Keller des Flughafengebäudes, Aufnahme 1996.

des Flughafens 1939 werden sie den Besuchern nicht gezeigt. Die Räume besitzen eine moderne Klimaanlage, die mit Gasfiltern gegen eventuelle Giftgasangriffe ausgestattet ist.

Seit Kriegsende ist in weiten Bereichen der Kelleranlagen nichts verändert worden. Brandspuren sind noch sichtbar, einige Räume tragen einfache Wandmalereien mit Szenen nach Wilhelm Busch zur Ablenkung der Kinder während des Fliegeralarms.

Die Kelleranlagen beherbergen auch Versorgungseinrichtungen, die gleichzeitig mit dem Bezug der Büroräume Ende 1937 in Betrieb genommen werden. So erhält der Flughafen eine eigene Wasserversorgung für den Fall, daß die Versorgung von außen unterbrochen würde. Im Keller des Flughafengebäudes wird ein Wasserwerk installiert, das aus vier Tiefbrunnen mit Grundwasser gespeist wird und eine Kapazität von 600 Kubikmetern pro Stunde hat. »Bei dem sehr erheblichen Wasserverbrauch des neuen Flughafens war es aus wirtschaftlichen Gründen nicht zu umgehen, für diesen ein eigenes Wasserwerk zu schaffen. Es ist vielleicht erwähnenswert hierbei, daß dieses Wasserwerk etwa die gleiche Größe hat, wie das Wasserwerk der Stadt Frankfurt a.d.O.«[91]

Während der Luftbrücke 1948/49 speist dieses Wasserwerk Trinkwasser in das Westberliner Netz, da die Versorgung durch die Ostberliner Wasserwerke abgeschnitten ist. Bis heute wird der Wasserbedarf im Flughafen aus dem eigenen Wasserwerk gedeckt. Stromversorgung und Heizung werden ab 1937 durch ein eigenes Elektrizitäts- und Fernwärmewerk in Schöneberg sichergestellt. 1956 errichtet die US-

Keller des Flughafengebäudes,
Aufnahmen 1996.

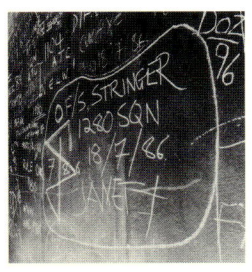

*Beschriftungen der Keller-
wände von amerikanischen
Soldaten aus den 80er
Jahren, Aufnahme 1996.*

Air Force auf dem Flughafengelände unweit des Columbiadamms ein eigenes Heizkraftwerk, das bis heute den Flughafen mit Strom und Wärme versorgt und überschüssige Kapazitäten in das städtische Netz einspeist. Somit ist das Flughafengebäude seit 1937 unabhängig von den städtischen Versorgungsnetzen, eine autarke Stadt in der Stadt.

Außer den Kelleranlagen gibt es im Bereich des Flughafengebäudes auch mehrere Tunnel, einige werden bis heute benutzt, einige sind nur Planung geblieben, andere nie mehr als Legende gewesen. Da ist zum einen der Tunnel in unmittelbarer Nähe des Flughafens, der noch heute täglich von tausenden Berlinern genutzt wird: der Tunnel der Nord-Süd-U-Bahn (heute Linie 6). Schon 1927 ist die U-Bahn bis zum Bahnhof »Flughafen« (1937 um-

benannt in »Paradestraße«) verlängert worden. Vor der Eröffnung der Bürotrakte wird 1937 der heutige U-Bahnhof »Platz der Luftbrücke« zum Zugangsbahnhof des neuen Flughafengebäudes. Zwischen 1937 und 1975 heißt der Bahnhof »Flughafen«.

Die technische Ausstattung des Flughafens umfaßt außer der Anbindung an die U-Bahn einen eigenen Gleisanschluß, der den Übergang zum Güterverkehr auf der Schiene gewährleistet. Das Gleis verläuft unmittelbar vor dem 1.200 Meter langen gebogenen Baukörper, der die Flugzeughallen und Büroräume beherbergt. Im Bereich der Abfertigungshalle läuft das Gleis zusammen mit einer Straße durch einen 300 Meter langen Tunnel. Die Frachtabfertigung besitzt also neben dem Straßenanschluß auch einen Schienenan-

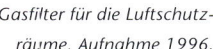

*Gasfilter für die Luftschutz-
räume, Aufnahme 1996.*

Luftschutzräume mit
Szenen nach Wilhelm Busch,
Aufnahme 1996.

schluß. Das Eisenbahngleis erstreckt sich südlich des Flughafengebäudes etwa parallel zum Tempelhofer Damm, verläuft am Südrand des Rollfeldes parallel zu den Gleisen der Ringbahn und hat dort Anschluß an den Güterbahnhof Neukölln. Während der Bauzeit des Flughafens sind die Gleise zum Transport von Baumaterial genutzt worden, anders hätten die benötigten Mengen nicht innerhalb der kurzen Bauzeit herbeigeschafft werden können. Schienenverbindungen zu Flughäfen sind in den 30er Jahren längst bekannt, der Flugplatz Johannisthal hatte schon 1916 einen Schienenanschluß. Die Materiallieferungen für die Produktion von Kriegsflugzeugen in Johannisthal waren nur so zu bewältigen. Die Besonderheit beim Tempelhofer Gleisanschluß ist allerdings, daß er für Luftfracht angelegt wird und einen direkten Übergang zur Frachtabfertigung besitzt. Größeren Luftfrachtverkehr gab es auf dem Flughafen Johannisthal noch nicht. Modernere Flughäfen wie der Rhein-Main-Flughafen in Frankfurt/Main besitzen heute einen Fernbahnanschluß zur Personenbeförderung. Das ist bei dem Schienenanschluß in Tempelhof ursprünglich nicht vorgesehen, er sollte lediglich dem Güterverkehr dienen. Bis in die 80er Jahre ist das Gleis genutzt worden, allerdings nicht im geplanten Umfang.

Die Planungen sahen darüber hinaus vor, das Luftpostamt im Vorhof des Flughafens durch einen Tunne unterirdisch mit einer Poststation zu verbinden, die im Bereich des Flugsteigs unter dem Rollfeld projektiert war. In dieser Poststation sollte die Luftpost zum Verladen in die einzelnen Flugzeuge sortiert werden, die

Eisenbahntunnel unter der Abfertigungshalle, Aufnahme 1996.

Poststation selbst durch einen weiteren Tunnel unter dem Rollfeld an den neuzubauenden Südbahnhof angeschlossen werden. Der Südbahnhof war nach Albert Speers Plänen im Bereich des S-Bahnhofs Papestraße vorgesehen. Doch weder der Südbahnhof noch die unterirdische Poststation oder der Posttunnel sind gebaut worden.

Die wohl spektakulärste Legende rankt sich um einen geplanten Autotunnel zwischen der Reichskanzlei an der Wilhelmstraße und dem Flughafengelände. Wie diese Legende entstanden ist und ob sie auf tatsächlichen Überlegungen etwa Hitlers oder Albert Speers beruht, läßt sich nicht nachweisen. Gebaut worden ist ein solcher Tunnel jedenfalls nicht.

»Maßvoller Monumentalismus«

In seinen Dimensionen und in vielen technischen Details ist der Neubau Ernst Sagebiels weitsichtig und beispiellos für seine Zeit. Trotz dieser eigenständigen Leistung hat sich Sagebiel jedoch auch vielfach an Vorbildern orientiert.

Eine Fundgrube für gestalterische Ideen ist der Berliner Flughafenwettbewerb von 1925, dessen Beiträge Sagebiel mit einiger Wahrscheinlichkeit zur Kenntnis nimmt. Eines der charakteristischen Elemente des Sagebielschen Gebäudekomplexes, die Krümmung des langgezogenen Baukörpers, geht zurück auf Beiträge zu diesem Wettbewerb. Mehrere Architekten hatten 1925 in ihren Entwürfen einen gekrümmten Grundriß vorgeschlagen, so auch die Sieger des Wettbewerbs, Paul und Klaus Engler, deren Pläne teilweise ausgeführt worden waren. Die Ideen aus dem Flughafenwettbewerb haben nicht nur in Berlin Nachwirkungen in der Flughafenarchitektur. Schon 1927-30 wird das Hauptgebäude des Flughafens Hamburg-Fuhlsbüttel ebenfalls auf einem gekrümmten Grundriß errichtet. Zu den ursprünglich geplanten und nicht ausgeführten Erweiterungen des alten Tempelhofer Hauptgebäudes gehörten Treppentürme, die denen sehr ähnlich sind, die Sagebiel in seinem Bau umsetzt. Ebenfalls im Englerschen Plan ist eine Tribünenanlage auf dem Dach des Hauptgebäudes vorgesehen, die teilweise auch realisiert wird.

Das Verwaltungsgebäude der IG Farben von Hans Poelzig in Frankfurt/Main ist ein wichtiges Vorbild für Sagebiels Flughafenbau, auch das IG-Farben-Gebäude zeigt einen langgezogenen, gekrümmten Grundriß mit angesetzten Treppentürmen. Was auf den ersten Blick als Planung Sagebiels erscheint, ist in mehrerer Hinsicht nicht originär seine Idee.

Es gibt zahlreiche weitere Elemente, bei denen Sagebiel sich vom Flughafenwettbewerb 1925 hat inspirieren lassen. Das Motiv des Ehrenhofs als Eingangssituation taucht schon 1925 auf, und auch das Konzept der kurzen Wege für den Fluggast haben bereits Paul und Klaus Engler in ihrem Hauptgebäude umgesetzt. Die Englerschen Pläne stellen zudem den Versuch dar, aus praktischen Gründen möglichst viele Einrichtungen in ein einziges Gebäude zu integrieren. Diese Idee entwickelt Sagebiel weiter. Er entwirft einen Komplex von verschiedenen Baukörpern, die alle miteinander verbunden sind. Angesichts der geplanten Dimensionen erkennt Sagebiel, daß nicht alle Einrichtungen in einem einzigen geschlossenen Bau unterge-

Kopf des Adlers vom Dach des Eingangsbaus, Aufnahme 1997.

bracht werden können, da dieser viel zu groß
würde. Er entwirft deshalb einen Gebäudekomplex mit gigantischen Ausmaßen, der aber
diese Ausmaße nach außen nicht zu erkennen
gibt. Die Verschleierung der Dimensionen gelingt vor allem durch den gekrümmten Grundriß der Hallenfront. Von keinem Punkt aus ist
der gesamte Gebäudekomplex zu übersehen,
weder vom Platz der Luftbrücke noch von einer der angrenzenden Straßen.

In einigen Elementen greift Sagebiel auf das
von ihm entworfene Reichsluftfahrtministerium
zurück, so beispielsweise in der klaren Aufteilung in einzelne geometrische Baukörper,
die meist rechtwinklig zueinander angeordnet
sind. Die Verkleidung in Naturstein, die serielle
Reihung der Fensterachsen und die Rahmung
der Fenster in Natursteinplatten übernimmt
Sagebiel ebenfalls vom Luftfahrtministerium
für die Gestaltung des Flughafens.

Eine der bedeutenden Leistungen Sagebiels bei
der Gestaltung des Flughafens Tempelhof ist
die Verbindung von repräsentativen und funktionalen Elementen. Die Flugfeldseite des Gebäudes ist ein moderner Ingenieurbau, der vor
allem nach funktionalen Gesichtspunkten gestaltet ist. Die Stadtseite des Flughafengebäudes hingegen ist mit repräsentativen Elementen ausgestattet wie dem Ehrenhof und der
Fassadenverkleidung in Naturstein. Mit dieser
Aufteilung löst Sagebiel ein schwieriges Problem der Flughafenarchitektur. Repräsentative
Ansprüche müssen vereint werden mit einer
Vielzahl von funktionalen Anforderungen, ein
Problem, das sich bei anderen Bauaufgaben
nicht in dieser Form stellt. Das Standardwerk
»Berlin und seine Bauten« von 1984 charakte-
risiert das Flughafengebäude mit den Worten

»Form: maßvoller Monumentalismus, schwache Nachwirkung der neuen Sachlichkeit.«[92]
Sagebiel äußert sich 1938 zum Verhältnis von
funktionalen und repräsentativen Elementen
in der Architektur: »Das deutsche Bauwesen
steht den Möglichkeiten moderner Konstrukti-
onsmethoden (...) nicht fremd gegenüber. Es
sieht die Schönheiten, die auch eine rein technische oder – sagen wir – konstruktive Form
haben kann, z. B. ein stählerner Tragarm an einer Eisenbetonbrücke. Die Ingenieurbauwerke
der Autobahnen sind das beste Zeugnis für
unsere Freude an der Fortentwicklung neuer
Konstruktionen und für ihre Wertung als
künstlerische Erscheinung. Jedoch werden die
aus mathematischer Arbeit gewonnenen und
so schnell veränderlichen konstruktiven Elemente nicht geeignet sein, allein das Gesicht
von Bauwerken und ganzen Stadtteilen zu formen (...). Statik und Baustoff allein machen
noch kein wahres Baudenkmal aus, vielmehr
entsteht dieses aus der künstlerischen Phantasie und dem Gleichklang mit Landschaft und
Volkstum.«[93]

Obwohl dies grundsätzliche Auffassungen
sind, spielt Sagebiel hier insbesondere auf den
Flughafen Tempelhof an. Sieht man von einigen Propagandafloskeln ab, vertritt Sagebiel
stellenweise moderne Vorstellungen, wenn er
»neue Konstruktionen« als »künstlerische Erscheinung« wertet.

Bei aller funktionalen Qualität der Architektur
soll nicht unterschlagen werden, daß der Flughafen Tempelhof von Hitler und Göring als
Demonstration von Macht und Stärke in Auftrag gegeben wird. Die kurze Bauzeit soll die
Entschlußkraft und Durchsetzungsfähigkeit
des Dritten Reichs veranschaulichen. Eine psy-

*Der Flugsteig bei Nacht,
um 1952.*

chologische Wirkung wird außerdem den zahlreichen neugeschaffenen Arbeitsplätzen zugeschrieben. Kurz, der Flughafenbau wird als Propaganda instrumentalisiert, als »Wort in Stein«[94]. Der Wunsch nach Machtdemonstration ist der wichtigste, aber nicht der einzige Grund, aus dem der Flughafenneubau dreißigmal so groß angelegt wird wie zur Bauzeit erforderlich. Auch Verkehrsplanungen spielen eine Rolle, wenn auch eine untergeordnete. Zur Zeit der Planungen Sagebiels erlebt der Luftverkehr einen rasanten Aufschwung: Innerhalb von nur neun Jahren, zwischen 1924 und 1933, sind die Fluggastzahlen in Tempelhof von 1.706 auf 122.814 gestiegen, das entspricht einer Steigerung um mehr als das 70-fache. Nichts deutet bei Planungsbeginn darauf hin, daß diese Entwicklung abbrechen würde. Im Gegensatz zu den alten Flughafenbauten aus den 20er Jahren soll die neue Anlage so großzügig bemessen sein, daß sie für Jahrzehnte ausreichend ist und nicht innerhalb kurzer Zeit durch einen weiteren Neubau ersetzt werden muß. In der Nachkriegszeit zeigt sich tatsächlich, daß im Flughafen Tempelhof mehr als 5 Millionen Fluggäste pro Jahr abgefertigt werden können, damit ist die Kapazität der Anlage erschöpft. Diese Fluggastzahl wird allerdings erst 1971 erreicht.

Trotz der Funktionalität der Flughafenanlage zeigen sich in der Nachkriegszeit einige Mängel im Konzept. Gerade die Tatsache, daß der Flughafen nicht erweiterbar ist, stellt sich in den 60er Jahren als großes Problem heraus, denn sowohl das Rollfeld als auch die Abfertigungsgebäude geraten an die Grenzen ihrer Kapazität. Die Flughafenanlage aus den 20er Jahren war sehr wohl auf Erweiterbarkeit angelegt und ist auch erweitert worden, die Option zum Ausbau ist bei vielen Flughäfen schon im Konzept verankert, so auch beim Bau des Flughafens Tegel (1969-74). Sagebiel dagegen hatte damit gerechnet, daß die Abmessungen seines Flughafens auf lange Sicht ausreichend wären, was sich als Irrtum herausstellt.

Die Planungen Albert Speers

Hitler ernennt Albert Speer im Jahre 1937 zum »Generalbauinspektor für die Reichshauptstadt«, zu diesem Zeitpunkt ist der Flughafen bereits im Bau. Im Rahmen seiner Planungen für Berlin sieht Speer auch eine Neuorganisation des Verkehrs vor, wodurch die Anbindungen des Flughafens Tempelhof verbessert werden sollen. Der Flughafen soll von der Nord-Süd-Achse aus per Auto erreichbar sein, die Nord-Süd-Achse an ihren beiden Enden Anschluß an die Reichsautobahn erhalten. Zusätzlich ist in Speers Plänen auch ein Fernbahnhof im Bereich des S-Bahnhofs Papestraße vorgesehen, der die Anbindung des Flughafens an die Eisenbahn verbessern soll. Vorläufig sind der Anhalter und der Potsdamer Bahnhof die nächstgelegenen Fernbahnhöfe. Speers Pläne sehen auch den Bau von weiteren Flughäfen vor; obwohl der Neubau in Tempelhof noch nicht in Betrieb ist, hält Speer ihn langfristig für nicht ausreichend; anders als Sagebiel ist Speer der Auffassung, daß auf lange Sicht ein Ausbau des Flughafens notwendig würde. Da dies nicht möglich ist, plant Speer vier (!) Flughäfen jeweils am Nord-, Süd-, Ost- und Westrand Berlins[95]. Doch über erste Ideen sind diese Flughäfen nicht hinausgekommen.

Nach der Machtergreifung der Nationalsozialisten 1933 hatte Speer sich zunächst mit temporären Festbauten hervorgetan. Als »Amtsleiter für künstlerische Gestaltung der Großkundgebungen in der Reichspropagandaleitung« errichtet er 1933 vor allem provisorische Tribünenanlagen zum Reichsparteitag in Nürnberg, zum Erntedankfest am Bückeberg

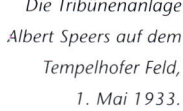

Die Tribünenanlage Albert Speers auf dem Tempelhofer Feld, 1. Mai 1933.

Tempelhofer Feld ,
1. Mai 1935.

und zur Funkausstellung in Berlin, anläßlich des »Tages der deutschen Arbeit« am 1. Mai 1933 auf dem Tempelhofer Feld eine große Tribünenanlage aus Holz, von der aus Hitler sein Regierungsprogramm verkündet.

»Der gestrige Tag, ein wirklicher Frühlingstag, ist als ›Feiertag der nationalen Arbeit‹ von der Bevölkerung begangen worden. (...) Dann trafen die Arbeiter-Delegationen ein, die in der Reichskanzlei dem Reichspräsidenten und dem Reichskanzler vorgestellt wurden, während bereits auf dem weiten Raum des Tempelhofer Feldes im Süden der Stadt die Massen harrten, die in endlosen Zügen aus allen Stadtvierteln heranmarschiert waren. Den Höhepunkt und Abschluß der Kundgebung bildete die großangelegte Rede des Reichskanzlers Hitler.«[96]

Vor der Tribünenanlage wird ein Aufmarschfeld von 370 x 700 Metern abgesteckt, Platz für etwa 1 Million Menschen. Dieses Areal liegt östlich des Tempelhofer Damms zwischen dem S-Bahnhof Tempelhof und dem U-Bahnhof Paradestraße. Bis 1935 ist dies eine Freifläche am Rand des ursprünglichen Flughafengeländes, erst mit der Erweiterung des Flughafens wird sie zu einem Teil des Rollfeldes. In den Jahren 1934 und 1935 finden auf diesem Teil des Tempelhofer Feldes erneut Veranstaltungen zum 1. Mai statt, 1936 zwingt der Flughafenbau zur Verlegung der Maifeier in den Lustgarten.

Interimsflughafen Rangsdorf

Gleich nach dem Überfall auf Polen und dem Beginn des Zweiten Weltkrieges im September 1939 wird der zivile Luftverkehr in Deutschland eingestellt, so auch in Tempelhof. Die Lufthansa muß 116 ihrer Flugzeuge als Transporter an die Luftwaffe abgeben. Ab 1. November 1939 wird der Verkehr in kleinerem Umfang wieder aufgenommen, allerdings nicht in Tempelhof, sondern auf dem Flugplatz Rangsdorf im Süden von Berlin. Bis zum 7. März 1940 wird hier der Verkehr für die Reichshauptstadt ersatzweise abgewickelt. In den ersten Kriegsmonaten gibt es also keinen Flugverkehr in Tempelhof. Die Ausstattung des kleinen Sportflugplatzes Rangsdorf erweist sich schnell als unzureichend, geeignete Abfertigungsgebäude gibt es nicht. Auch die Verkehrsanbindung ist schlecht. Deshalb wird der Flugbetrieb im März 1940 nach Tempelhof zurückverlegt. Der Sportflugplatz Rangsdorf wird 1935-36 unweit des Rangsdorfer Sees am Südrand des beliebten Badeortes errichtet. Er besteht aus einem Landflugplatz und einem Wasserflugplatz auf dem Rangsdorfer See. Am Rande des Flugplatzgeländes wird 1936 das Klubhaus des Aero-Clubs errichtet, nach Plänen des Architekten Ernst Sagebiel. 1944 ist Rangsdorf der Startpunkt eines Fluges von historischer Bedeutung: Oberst Claus Schenk Graf von Stauffenberg startet hier am 20. Juli zu seinem Attentatsversuch auf Adolf Hitler in der »Wolfsschanze« in Ostpreußen.

Nach Kriegsende nutzt die sowjetische Luftwaffe den Flugplatz Rangsdorf. Seit deren Abzug 1994 liegt der ehemalige Reichssportflughafen brach. 1997 wurden neun Gebäude unter Denkmalschutz gestellt, darunter das Aero-Club-Gebäude. Dabei ist der Flugplatz Rangsdorf als Baudenkmal erhaltenswert, er ist einer von wenigen Flugplätzen aus den 30er Jahren in Deutschland, der sich weitgehend im Originalzustand befindet.

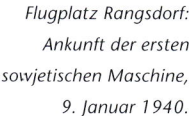

Flugplatz Rangsdorf: Ankunft der ersten sowjetischen Maschine, 9. Januar 1940.

Die Kriegsjahre

Der Fortschritt der Kultur ist in hohem Grade davon abhängig, ob es dem Menschen jemals gelingen wird, das Reich der Luft in eine allgemeine, viel benutzte Verkehrsstraße zu verwandeln. Die Grenzen der Länder würden dann ganz ihre Bedeutung verlieren, weil man sie bis in den Himmel nicht absperren kann. Man kann sich kaum vorstellen, daß Zölle und Kriege dann noch möglich sind.«[97]
Schon der Erste Weltkrieg hatte gezeigt, daß der Autor dieser Zeilen – Otto Lilienthal – unrecht hat. Der Zweite Weltkrieg beweist nun, daß die Luftfahrt alles andere als eine friedensstiftende Wirkung haben kann. Der Einsatz von Flugzeugen und damit von Fliegerbomben ermöglicht völlig neue Ausmaße der Zerstörung. Wieder bedingt der Krieg entscheidende Entwicklungen im Flugzeugbau. Die Konstruktion von Düsenflugzeugen und von Langstreckenbombern wird zwischen 1939 und 1945 massiv vorangetrieben.

Seit März 1940 gibt es auf der alten Flughafenanlage in Tempelhof wieder zivilen Flugverkehr, in geringem Umfang werden bis zum April 1945 Fluggäste befördert. Genaue Zahlen sind für diese Zeit nicht bekannt, da die Aufzeichnungen bei Kriegsende vernichtet werden. Der Neubau Sagebiels ist bei Kriegsbeginn weitgehend fertiggestellt, die Büroflächen sind belegt. Die Bauleitung bleibt während des Krieges im neuen Gebäude, auch wenn kaum noch Bauarbeiten ausgeführt werden. 1943 werden die Arbeiten endgültig eingestellt, die Baubuden werden auf dem Flug-

hafengelände belassen, Baumaterial bleibt überall im Gebäude und auf dem Vorfeld liegen. Man rechnet mit einer Fortsetzung der Arbeiten unmittelbar nach dem Ende des Krieges. Deshalb wirkt der Flughafen noch bei Kriegsende wie eine überstürzt verlassene Baustelle[98].

Das neue Flughafengebäude wird für kriegswichtige Zwecke, weite Bereiche des Gebäudes werden zur Flugzeugproduktion genutzt. Im Eisenbahntunnel unter der Abfertigungshalle wird eine Fertigungsstraße für Jagdflugzeuge eingerichtet. Produziert werden hier Flugzeuge vom Typ Focke-Wulf Fw 190, die die Luftwaffe seit 1940 einsetzt. Insgesamt werden bis zum Ende des Zweiten Weltkriegs 25.000 Flugzeuge dieses Typs an verschiedenen Orten gebaut, wieviele davon in Tempelhof, ist nicht bekannt. Im Flugsteig befindet sich die Endmontage des Sturzkampfbombers Ju 87. In den angrenzenden Flugzeughallen werden die Tragflächen des »Stuka« fertiggestellt, in der Abfertigungshalle die Rümpfe. Die Maschinengewehre der Flugzeuge werden auf einem Schießstand unweit der alten Flughafenanlage eingeschossen.

Unterirdische Fertigungsstraße für Jagdflugzeuge im Eisenbahntunnel, 1945.

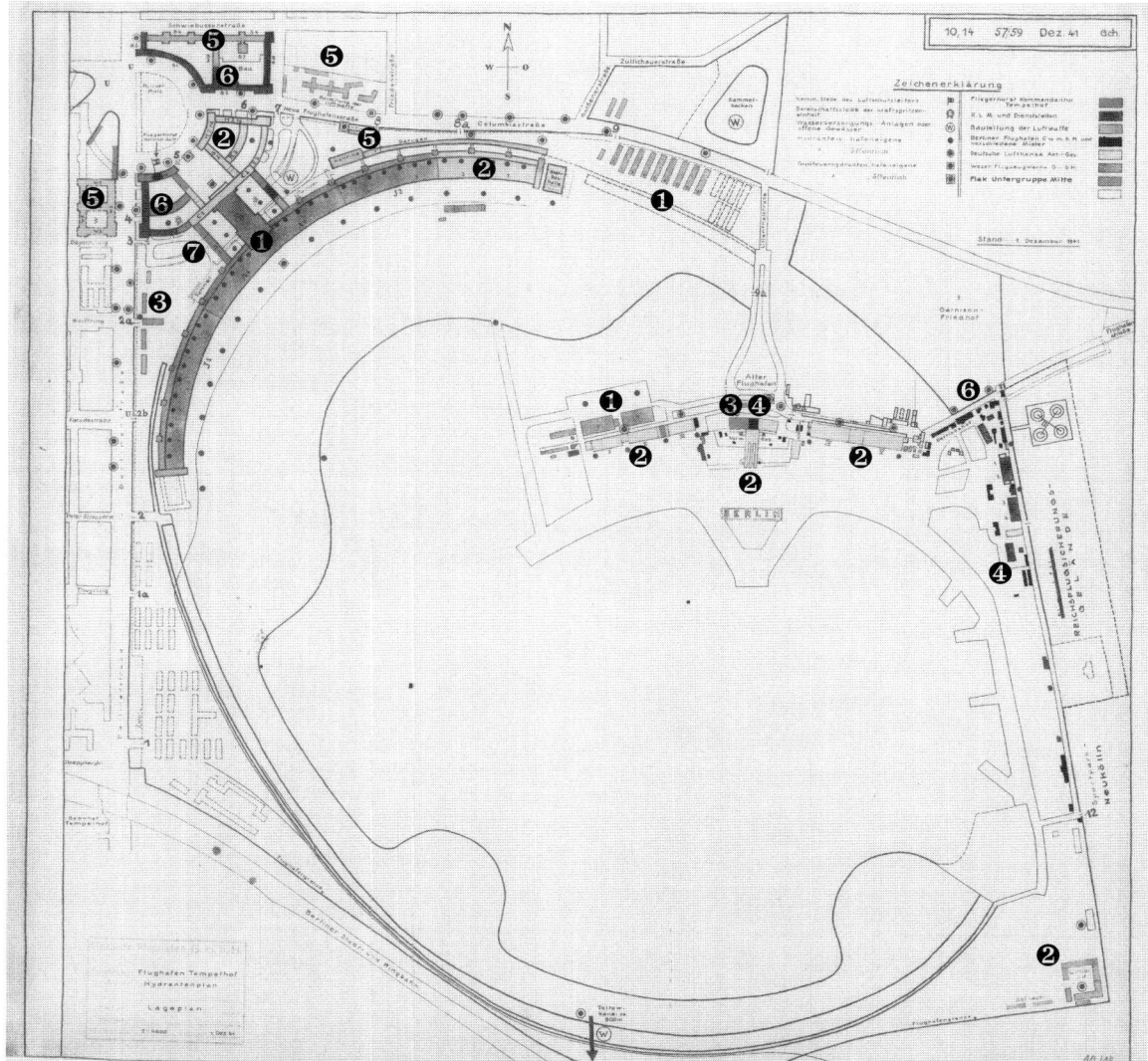

Plan des Flughafengeländes mit den Nutzungen im Krieg, 1940:

1. Weser Flugzeugwerke
2. Deutsche Lufthansa
3. Flak Untergruppe Mitte
4. Berliner Flughafen GmbH
5. Bauleitung der Luftwaffe
6. Reichsluftministerium mit Dienststellen
7. Fliegerhorst Kommandantur Tempelhof

Die ersten Bomben auf Tempelhof fallen am 1. September 1940, abgeworfen von der Royal Air Force. Im selben Jahr versucht die Royal Air Force erfolglos, den Flughafen als Teil der Infrastruktur Berlins zu zerstören[99].

Das Flughafengebäude Ernst Sagebiels ist gegen eventuelle Bombentreffer gut gewappnet. Von Anfang an, also ab 1935, plant der Architekt ein Gebäude, das gegen Bombentreffer möglichst unempfindlich ist. Sagebiel selbst schreibt 1937:

»Die Sicherungen gegen Bombenangriffe sind durch Abwehrmaßnahmen getroffen. (...) Man muß (...) ein Eindringen des abgeworfenen Geschosses in das Innere des Gebäudes in Betracht ziehen. (...) Gewöhnlich wird die durchschlagsichere Deckung zwischen dem Erdgeschoß und dem ersten Stock angebracht, während die explosionssichere sich zwischen dem Erdgeschoß und dem Keller, der den Schutzraum aufnimmt, befindet.«[100]

In den Schutzräumen im Keller finden während der Bombenangriffe sowohl Arbeiter und Angestellte aus den Büros im Flughafengebäude als auch die Bevölkerung aus den umliegenden Bezirken Zuflucht. Im April 1945 ist das neue Flughafengebäude deutlich von Kriegsspuren gezeichnet, aber in der Grundsubstanz nicht schwer beschädigt, nur wenige Gebäudeteile sind durch Bombentreffer zerstört.

Gegen Kriegsende ist der Flugverkehr auf ein Minimum geschrumpft. Der Flugplan vom April 1945 verzeichnet noch Flüge nach Danzig sowie Ziele in Dänemark, Norwegen, Schweden, Italien, Spanien und Portugal[101]. Die letzte planmäßige Lufthansa-Maschine verläßt Tempelhof am 21. April, eine Focke-Wulf Fw 200. Inzwischen hat die Rote Armee die Stadtgrenze Berlins erreicht. Ein in Lichtenrade wohnender Flugkapitän erhält am darauffolgenden Tag noch einen telefonischen Flugauftrag, »als die russischen Verbände bereits an seinem Haus vorüber in Richtung Innenstadt gezogen waren.«[102]

In einer der folgenden Nächte starten unter sowjetischem Artilleriebeschuß mehrere Verkehrsmaschinen in Tempelhof: »Dann verließen buchstäblich in letzter Minute am 23. April um 1.00 Uhr die Ju 52/3m D-AUAV unter Flugkapitän Schneehage den eingeschlossenen Heimathafen, an Bord das Personal der Flugleitung Tempelhof, und zwei Stunden später gegen 3.00 als letzte Maschine die DC-3 D-ATZP mit Flugkapitän Brill.«[103]

Im März 1945 hatte Hitler den »Befehl der verbrannten Erde« gegeben, in diesem Zusam-

Die Besetzung des Flughafens durch die Rote Armee, April 1945.

Der Flughafen bei Kriegsende, 1945.

Innenhof neben der Abfertigungshalle, 1945.

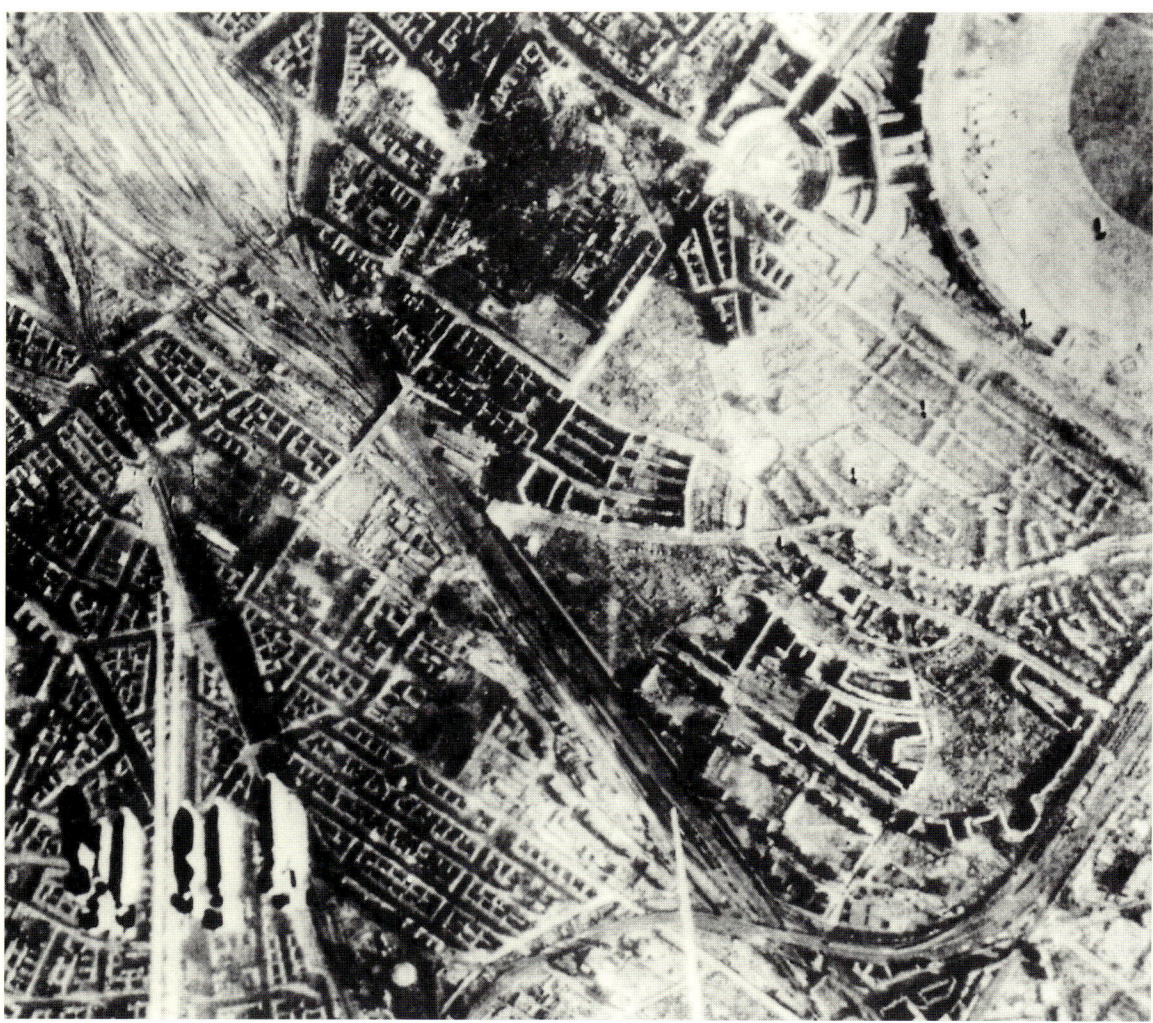

Bombenabwurf der US-Air Force über Kreuzberg und Tempelhof, rechts oben der Flughafen, Februar 1945.

menhang erhält Major Rudolf Böttger, seit 1933 Vorsitzender des Aufsichtsrates des Flughafengesellschaft, den Befehl zur Zerstörung des Flughafens. Er widersetzt sich dem Befehl und begeht Selbstmord. Am 28./29. April erreichen sowjetische Truppen den Flughafen und eine rund neunwöchige sowjetische Besatzung beginnt, die sich nicht nur über Tempelhof, sondern über ganz Berlin erstreckt. Der Zweite Weltkrieg ist beendet, die bedingungslose Kapitulation der deutschen Wehrmacht tritt am 9. Mai 1945 in Kraft.

Der Flughafen in der Nachkriegszeit

Wiederaufnahme des Luftverkehrs

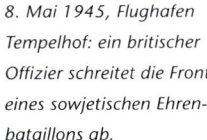

8. Mai 1945, Flughafen
Tempelhof: ein britischer
Offizier schreitet die Front
eines sowjetischen Ehren-
bataillons ab.

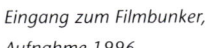

Eingang zum Filmbunker,
Aufnahme 1996.

Nach Kriegsende wird Berlin von den Alliierten in vier Sektoren aufgeteilt, ab Juli 1945 regiert die Alliierte Kommandantur Berlin. Der Bezirk Tempelhof liegt im amerikanischen Sektor und wird am 4. Juli nach Abzug der sowjetischen Besatzung von amerikanischen Truppen besetzt. Vor der Übergabe an die Amerikaner wird das Flughafengebäude mehrfach geplündert, wobei zahlreiche Brände neue Zerstörungen verursachen. Möglicherweise hat auch die Rote Armee dem Gebäude weitere Schäden zugefügt. Sicher ist zumindest, daß sowjetische Soldaten nach Kriegsende versuchen, den Zugang zu einem vermauerten Kellerraum freizusprengen, in dem die Luftwaffe vermutlich in den letzten zwei Kriegsmonaten Filme und Negative der Luftaufklärung eingelagert hatte. Der Raum fängt Feuer, nach einem mehrtägigen Schwelbrand bleiben nur ein paar Filmspulen übrig. Die amerikanischen Soldaten beginnen nach der Übernahme des Flughafens mit Aufräumarbeiten, denn Tempelhof soll als Militärflughafen möglichst schnell nutzbar sein. Zunächst ist tonnenweise Schutt aus dem Inneren des Gebäudes zu beseitigen. In der unterirdischen Montagestraße befinden sich

Nach Kriegsende: Nicht fertiggestellte Jagdflugzeuge aus den Fertigungsstraßen im Flughafen, 1945.

noch im Juli 1945 unfertige Jagdflugzeuge, sie werden auf das Vorfeld des Flughafens gebracht. Außerdem wird der gesamte Schriftverkehr aller im Flughafen tätigen Verwaltungen und Betriebe vernichtet, teilweise auch Bauzeichnungen und Bauakten sowie Personalpapiere und sonstige Akten. Die alten Flughafenbauten aus den 20er Jahren werden nicht sofort nach Kriegsende beseitigt, sie behindern den Flugverkehr nicht. Erst in den 50er Jahren werden die Bauten »ausgeschlachtet« und die geborgenen Baumaterialien verkauft. Einige Trümmerhügel sowie ein paar Bäume vor dem ehemaligen Hauptgebäude

Vor dem Flughafen, Mai 1945.

bleiben übrig, sie sind bis heute auf dem Rollfeld zu sehen. Für die Aufräumarbeiten werden 1945 Arbeiter aus der Berliner Bevölkerung geworben. Sie erhalten besondere Lebensmittelbezugskarten oder kostenlose warme Mahlzeiten, die in den Nachkriegsmonaten mehr als Geld bedeuten.

Zwei Flugzeughallen im Osten des Gebäudes, die kaum beschädigt sind, können als erste Gebäudeteile in Betrieb genommen werden, die US-Air Force nutzt die Hallen zur Wartung und Unterbringung ihrer Flugzeuge. Die Arbeiten im Flughafen werden nicht eigenmächtig von der Air Force durchgeführt, sondern in Zusammenarbeit mit einer zivilen Wirtschaftsstelle des Berliner Magistrats; aus der Wirtschaftstelle geht später die wiedergegründete Flughafengesellschaft hervor. Am 30. November 1945 wird der Luftverkehr zwischen den westlichen Sektoren Berlins und Westdeutschland durch ein Abkommen der vier Besatzungsmächte geregelt. Drei Luftkorridore von je 32 Kilometern Breite bilden den Zugang zum Westteil Berlins, ausgehend von Hamburg, Hannover und Frankfurt/Main. So wird es jahrzehntelang bleiben.

1946 wird der zivile Flugverkehr in Tempelhof wieder aufgenommen, allerdings nicht durch die Lufthansa. Ähnlich wie nach dem Ersten Weltkrieg wird Deutschland auch nach 1945 durch einen Nachtrag zum Potsdamer Abkommen die Lufthoheit abgesprochen. Die Lufthansa wird aufgelöst und erst 1955 wiedergegründet. Das Kriegsende bedeutet das vorläufige Ende der zivilen Luftfahrt durch deutsche Unternehmen. Die Lufthansa kehrt erst 1990, nach 45jähriger Pause, auf ihren ehemaligen Heimatflughafen Tempelhof zu-

Vorhof und Eingangsbereich, 1949.

»Tempelhof (Flughafen)«, 1946.

rück. Nach Auflösung der Lufthansa sind 1945 hunderte ehemalige Mitarbeiter arbeitslos, Piloten, Techniker, Ingenieure. Auf Arbeitsplätze können sie nicht hoffen, daher greifen sie zur Selbsthilfe. Im Flughafen Tempelhof eröffnen 300 Ingenieure und Techniker die »Hansa-Werkstätten«, die auch im verkürzten Namen widerspiegeln, daß es nicht mehr um Luftfahrt geht: In den Werkstätten werden Autowracks aufgearbeitet.

Rund 40 Jahre lang ist der Flugverkehr von und nach West-Berlin den Fluggesellschaften der Alliierten und den von ihnen beauftragen Gesellschaften vorbehalten. Das erste Verkehrsflugzeug nach dem Krieg landet am 18. Mai 1946 in Tempelhof, eine Douglas DC-4 der American Overseas Airlines (AOA). Damit wird der wöchentliche Verkehr auf der Strecke New York – Frankfurt – Berlin aufgenommen. Zur Eröffnung des Luftverkehrs muß eine neue Start- und Landebahn angelegt werden, denn das Rollfeld ist durch Bomben- und Grana-

tentreffer beschädigt. Anstelle der Grasnarbe, die bisher benutzt wurde, tritt nun eine 1.400 Meter lange Lochblechbahn aus Stahl und Aluminium. Für die Verkehrsflugzeuge der 30er Jahre war die Grasnarbe ausreichend, lediglich einige amerikanische Flughäfen verfügten bereits zu dieser Zeit über eine betonierte Start- und Landebahn. Schwerere Verkehrsflugzeuge wie die DC-4 jedoch zerstören die Grasnarbe.

Außer der AOA nimmt auch die British European Airways (BEA, ab 1974 British Airways, BA) 1946 den Flugverkehr nach Berlin auf, sie nutzt für ihre erste Strecke nach London allerdings den Flugplatz Gatow am Westrand Berlins im britischen Sektor. Befördert werden vor allem Zivilangestellte der Besatzungsmächte, Deutsche können die Fluglinie nur in Ausnahmefällen mit Interzonenpaß und Devisengenehmigung benutzen. Erst nach der Währungsreform 1948 sind auch zunehmend Deutsche unter den Fluggästen.

Berlin-Blockade und Luftbrücke

Das Luftbrückendenkmal vor dem Flughafen, Aufnahme 1997.

Die Flugverbindungen zwischen den westlichen Besatzungszonen und West-Berlin funktionieren seit 1945 dank der Luftkorridore weitgehend problemlos. Die Wege zu Land und zu Wasser durch die Sowjetische Besatzungszone hingegen bereiten Schwierigkeiten. Die Sowjetische Militäradministration versucht ab April 1948, größere Kontrolle über die transportierten Güter und reisenden Personen zu gewinnen. Die Repressalien verschärfen sich, als sich abzeichnet, daß die drei westlichen Besatzungszonen zu einem – westlich orientierten – Staat zusammengefaßt werden sollen. Am 2. April 1948 werden erstmals Güterzüge an der Weiterfahrt nach Berlin gehindert. Ziel dieses sowjetischen Würgegriffs ist der Abzug der westlichen Besatzungmächte aus Berlin. Der Militärgouverneur der amerikanischen Besatzungszone, Lucius D. Clay, schlägt vor, die Sperren mit Gewalt zu durchbrechen: »Nur durch Krieg können die USA gezwungen werden, Berlin aufzugeben.«[104]
Die Alliierten schrecken aus Angst vor einem erneuten Krieg vor dieser Maßnahme zurück, die Berliner Bevölkerung spürt den Ernst der Lage. Die Journalistin Ruth Andreas-Friedrich am 2. April 1948 in ihrem Tagebuch: »Aus dem Grenzgebiet überstürzen sich die Nachrichten. ›Einsatz starker Polizei- und Militärpolizeieinheiten im Abschnitt Helmstedt (...) die beiden fahrplanmäßigen amerikanischen Dienstzüge in Marienborn aufgehalten.‹ Am Brandenburger Tor und anderen Übergangstellen vom russischen zu den westlichen Sektoren stehen sowjetische Soldaten oder deutsche Polizisten und stoppen jedes Fahrzeug, das die Sektorengrenze überquert. Die Stadt fiebert vor Unruhe. Noch nie lag der Krieg so greifbar in der Luft.«[105]
Am 24. Juni 1948, dem Tag der Währungsreform in den Westsektoren Berlins, verhängt die Sowjetische Militäradministration die Blockade über Berlin und damit über mehr als 2 Millionen Menschen. Am selben Tag initiiert Lucius D. Clay die Luftbrücke: Schon am 26. Juni landen die ersten Transportflugzeuge, 80 Tonnen Versorgungsgüter befördert die US-Air Force an diesem Tag von Frankfurt/Main und Wiesbaden zum Flughafen Tempelhof im amerikanischen Sektor Berlins. Die britische Luftwaffe beteiligt sich an der Luftbrücke, sie fliegt ihren Militärflugplatz Gatow an. Auch Flugboote werden im Rahmen der Luftbrücke eingesetzt, sie wassern auf Havel und Wannsee. Gatow und Tempelhof sind die einzigen Flugplätze in den westlichen Sektoren Berlins, Staaken und Johannisthal befinden sich unter sowjetischer Besatzung. Die französische Militärverwaltung beteiligt sich an der Luftbrücke, indem sie zwischen August und November 1948 in Tegel eine neue Start- und Landebahn anlegt, mit 2.400 Metern die längste Europas. Durch die Mitarbeit von etwa 19.000 Berlinern wird diese Bahn innerhalb kürzester Zeit gebaut und ist der Ursprung des späteren Verkehrsflughafens. Mit welcher Begeisterung die West-Berliner Bevölkerung die Luftbrückenflugzeuge empfängt, welche Hoffnungen und Erwartungen sie an sie knüpft, zeigen Fotos von der Landung der Maschinen in Tempelhof. Tausende Berliner Kinder spielen in diesen Monaten »Luftbrücke«, wozu ge-

*Landung eines »Rosinen-
bombers«, Juli 1948.*

legentlich der Flughafen Tempelhof im Modell nachempfunden wird.

General Clay errechnet einen täglichen Bedarf an lebensnotwendigen Gütern in Berlin von 5.000 Tonnen. Die zunächst verfügbaren zweimotorigen Transportmaschinen vom Typ Douglas DC-3 können aber lediglich eine Nutzlast von maximal 5 Tonnen befördern. Deshalb werden in den folgenden Tagen größere, viermotorige Militärmaschinen aus der ganzen Welt nach Deutschland beordert, insbesondere solche vom Typ DC-4, die immerhin 13 Tonnen Nutzlast befördern können. Trotz großer organisatorischer Probleme gelingt bald ein reibungsloser Flugverkehr. Im Kontrollturm der Rhein-Main-Airbase heißt es schon wenige Wochen nach Beginn der Luft-

brücke: »Wir werden bald alle vier Minuten eine Maschine starten lassen. Das ist öfter als die Frankfurter Straßenbahn, die fährt nur alle zwanzig Minuten.«[106]

Mit der Präzision eines Uhrwerks werden bis zum Ende der Luftbrücke im Oktober 1949 in über 277.000 Flügen etwa 2,3 Millionen Tonnen Versorgungsgüter nach Berlin gebracht, 1,7 Millionen Tonnen davon über den Flughafen Tempelhof. Transportiert werden vor allem Kohle (67%) und Lebensmittel (24%) sowie Medikamente, Zeitungen und Rohstoffe. Der Flughafen Tempelhof erhält 1948 schlagartig eine enorme Bedeutung, die Luftbrücke macht ihn weltberühmt. Obwohl Tempelhof zu den größten Flughäfen der Welt zählt, ist er den außerordentlichen Anforderungen kaum gewachsen und gerät an die Grenzen seiner Kapazität. In Spitzenzeiten landet beinahe jede Minute ein »Rosinenbomber«. Ein amerikanischer Luftbrückenpilot schreibt: »Berlins Flughafen Tempelhof war für derartigen Massenverkehr denkbar ungeeignet. Er besaß nur eine provisorische Stahllandebahn (...). Die Landungen waren für unerfahrene Piloten abenteuerlich, da man die relativ dicht angrenzenden Wohnhäuser praktisch nur um Handbreite überflog.«[107]

Die Start- und Landebahn aus dem Jahre 1946 ist der Belastung durch die vollbeladenen Maschinen nicht gewachsen. »Vierzehn Tage nach Beginn der Luftbrückenoperation wiesen die Ingenieure der Luftwaffe General Smith darauf hin, daß diese Start- und Landebahn nicht länger als 60 Tage halten würde. Smith sah sich also zur Anlage neuer Rollbahnen gezwungen – ohne über einen ausreichenden Maschinenpark in Berlin zu verfügen und ohne die Möglichkeit, das Material hierfür durch die Korridore heranzubringen. Ein SOS-Ruf wurde an das Kriegsministerium in Washington geschickt. Der Zivilangestellte Lacomb (...) begann auf dem Flughafen ›Rhein-Main‹ sofort mit seiner Arbeit. Als die Trecker, Zerkleinerungsmaschinen und anderen schweren Geräte aus den Vereinigten Staaten eintrafen, schnitt Lacomb sie mit seinem Schneidbrenner auseinander, verstaute die Stücke und schickte sie einzeln nach Tempelhof, wo er sie

Entladen von Luftbrücken-
flugzeugen, Juni 1948.

mit großer Geduld wieder zusammensetzte. Mit diesen wurden in kürzester Zeit zwei weitere Start- und Landebahnen in Tempelhof (...) fertiggestellt.«[108]

An den Bauarbeiten sind bis zu 800 Arbeiter Tag und Nacht beteiligt, während der Arbeiten an den neuen Bahnen landen wenige Meter entfernt die »Rosinenbomber« auf der alten. Die beiden neuen Bahnen haben eine Länge von rund 1.600 Metern und werden ab September 1948 benutzt. Weitere Probleme ergeben sich beim Entladen der Flugzeuge und beim Verladen der Fracht auf LKWs, denn es gibt keine geeigneten Bauten. Für ein solches Frachtaufkommen ist auch die überdimensionierte Anlage Ernst Sagebiels nicht ausgelegt.

Beim Verladen der Kohlen fällt auf dem Vorfeld tonnenweise Kohlenstaub an, der vom Regen in das Auffangbecken nördlich des Columbiadamms gespült wird. Das Auffangbecken dient zur Entwässerung der betonierten Flächen, vor allem des Vorfeldes. »Da dieses sich selbst regenerierende Kohlereservoir schnell in der Umgebung bekannt wurde, kam es nicht selten zu harten Auseinandersetzungen zwischen den Anwohnern des nördlichen Flughafengeländes und den Flughafenarbeitern, die ihr Schürfrecht gegen jeden Raubbau verteidigten.«[109]

Trotz der gewaltigen Mengen an transportierten Versorgungsgütern kann die Luftbrücke nur den lebensnotwendigen Bedarf der West-

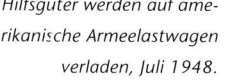

Hilfsgüter werden auf amerikanische Armeelastwagen verladen, Juli 1948.

Das Flughafengelände während der Luftbrücke, 1949.

Berliner decken. So erhält jeder Haushalt für den gesamten Winter 1948/49 gerade 12,5 Kilogramm Kohle, deshalb wird in diesem Winter praktisch jedes Stück Holz in Berlin buchstäblich »verheizt«, auch die verbliebenen Bäume im Tiergarten.

Am 12. Mai 1949 beendet die Sowjetunion die Blockade, Züge und Lastwagen aus Westdeutschland treffen in Berlin ein. »Die Aufhebung der Blockade ist der größte Sieg, den wir seit Jahren errungen haben. Die Berliner haben den Frieden der Welt gerettet, denn wäre Berlin gefallen, gäbe es heute keinen Frieden in der Welt«, so der Oberbürgermeister Berlins, Ernst Reuter, im Mai 1949[110]. Zur Sicherheit wird die Luftbrücke aber bis zum Oktober 1949 aufrecht erhalten.

Mit der Luftbrücke wird der Flughafen Tempelhof über Nacht das »Tor zur Welt« für Berlin. Die West-Berliner verdanken ihre Unabhängigkeit und ihr Überleben dem Einsatz der Alliierten. Der Flughafen, ein Zeichen nationalsozialistischen Größenwahns, wird zum »Bau-Symbol der westlichen Freiheit«[111].

Zwei ehemalige Rosinenbomber stehen jahrelang auf dem Flughafengelände, eine viermotorige Douglas C-54 G »Skymaster« und eine zweimotorige Douglas C-47 B »Skytrain«. Die C-47 B wird im April 1997 von ihrem Schattendasein auf dem Flughafen erlöst und ins Deutsche Technik Museum (DTM) in Berlin-Kreuzberg gebracht. Ab dem Jahr 2000 wird die Maschine eines der Glanzstücke der Luftfahrtsammlung des Museums sein.

Berlins Tor zur Welt

Der zaghafte Neubeginn des zivilen Flugverkehrs in Berlin nach dem Zweiten Weltkrieg wird durch die Luftbrücke unterbrochen. Sowohl die Kapazität der Flughäfen als auch der Luftkorridore sind durch Transportflüge voll ausgelastet. Erst nach Ende der Luftbrücke im Herbst 1949 wird die begonnene Entwicklung im Passagierverkehr fortgesetzt. 1950 nimmt auch die Air France den Linienverkehr nach Tempelhof auf. Die Unterbringung der Fluggesellschaften auf den Flugplätzen Gatow und Tempelhof in verschiedenen Sektoren der Stadt erschwert die Koordination des Luftverkehrs. Deshalb erhält der

Ernst Reuter und US-General Mathewson eröffnen die neue Abfertigungsanlage, Juli 1951.

Berliner Senat am 1. Juni 1950 vom amerikanischen Hohen Kommissar das Recht, einen kleinen Teil des Flughafens Tempelhof unter deutsche Verwaltung zu stellen, um den Berliner Flugverkehr in Tempelhof zu konzentrieren. Die inzwischen wiedergegründete Berliner Flughafengesellschaft (BFG) beginnt mit der Einrichtung neuer Abfertigungsanlagen. Die eigentliche Abfertigungshalle wird nicht in Betrieb genommen, sie gehört nicht zu den freigegebenen Teilen des Flughafengebäudes, zudem ist sie durch die Sprengung des Bodens nicht benutzbar. Eine neue, wesentlich kleinere Abfertigungsanlage entsteht an der gebogenen Hallenfront südlich der großen Abfertigungshalle, sie ist über eine Zufahrt vom Tempelhofer Damm zu erreichen. Ihre Abmessungen sind winzig verglichen mit denen der großen: Insgesamt verfügt die neue Anlage über eine Fläche von 2.000 Quadratmetern, die neue Halle mißt gerade 260 Quadratmeter, kaum mehr als eine große Etagenwohnung. 1951 wird sie von US-General Mathewson der Flughafengesellschaft übergeben. Oberbürgermeister Ernst Reuter eröffnet sie offiziell am 9. Juli 1951. »Mit Blick auf die moderne Empfangshalle meinte Reuter scherzhaft: ›Es gibt jetzt noch weniger Entschuldigungen, nicht nach Berlin zu kommen.‹«[112]

Die Einweihungsfeier findet vor dem Gebäude statt – für die zahlreich geladenen Gäste ist die neue Halle zu klein. Etwa 240.000 Fluggäste sollen hier jährlich abgefertigt werden. Die Bodenorganisation des Flughafens befindet sich seit der Eröffnung in deutschen Händen, während der Flugverkehr von den Fluggesellschaften der Alliierten durchgeführt wird.

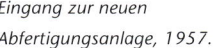

*Eingang zur neuen
Abfertigungsanlage, 1957.*

*Die neue Abfertigungsanlage
bei Nacht, 1954.*

Enthüllung des Luftbrückendenkmals, Juli 1951.

Die Fluggesellschaften, die Anfang der 50er Jahre Tempelhof anfliegen, haben Stadtbüros am Kurfürstendamm sowie natürlich Büros im Flughafen: »Alle Luftfahrtgesellschaften auf dem Zentralflughafen sind unter der Sondernummer 660014 zu erreichen, unter der man in eiligen Fällen Passagiere noch vor dem Abflug sprechen kann.«[113]

Für die zivile Nutzung werden 1951 »68.000 Kubikmeter umbauten Raumes renoviert, 94.000 Kubikmeter durch Brand zerstörter Räume wieder instand gesetzt.«[114] Ein neuer Kontrollturm, der bis heute genutzt wird, entsteht am südlichen Ende der Hallenfront auf dem Dach des Kopfbaus. Vor der Eröffnung der neuen Abfertigungshalle in Tempelhof im Juli 1951 mußten die Fluggäste »nach der Abfertigung in den notdürftig hergerichteten Büros im südlichen Rundbau am heutigen Platz der Luftbrücke durch ein Fenster im rückwärtigen Teil des Gebäudes aussteigen (...), um über etliche Höfe und über improvisierte Holztreppchen – begleitet von Militärpolizisten – zum Vorfeld zu gelangen.«[115]

Gatow wird als Zivilflugplatz mit der Eröffnung der neuen Abfertigung in Tempelhof aufgegeben. Im ersten Halbjahr 1951 werden in Gatow noch 60.000 Fluggäste abgefertigt. Am 8. Juli 1951 verlegt die BEA ihren Verkehr nach Tempelhof, der damit der meistangeflogene deutsche Flughafen wird. Allein im Juni 1951 werden 28.900 Passagiere abgefertigt, in Frankfurt/Main hingegen nur 24.600, in Hamburg 17.900 und in Düsseldorf 10.000. So wird schon im ersten Betriebsjahr der neuen Abfertigungsanlage ihre Kapazität weit überschritten, statt der erwarteten 240.000 Passagiere werden 320.000 gezählt. Drei Jahre später ist Tempelhof – gemessen an den Passagierzahlen – der drittgrößte europäische Flughafen nach London und Paris. Die kleine Abfertigungsanlage wird heute als General Aviation Terminal (GAT) genutzt, als »eigener Abfertigungsbereich für Geschäftsreise-, Charter- und Taxiflugverkehr«.

Am Tag nach der Eröffnung der neuen Abfertigung wird das Luftbrückendenkmal auf dem Platz der Luftbrücke enthüllt. Der Platz war bereits im Juni 1949 von Oberbürgermeister Ernst Reuter umbenannt worden. Am 10. Juli 1951 weiht Ernst Reuter, inzwischen Regieren-

der Bürgermeister, die »Hungerharke« mit den Worten »Es lebe die Freiheit« ein[116]. Das von Eduard Ludwig geschaffene Denkmal erinnert an die 76 Opfer der Luftbrücke, hauptsächlich amerikanische und britische Soldaten. »Als ›Symbol einer weltbewegenden Soldiarität zwischen den Berlinern und den Siegern von gestern‹ bezeichnete Bundesminister Kaiser (Jakob Kaiser, Bundesminister für Gesamtdeutsche Fragen, d.Verf.) die Berliner Luftbrücke. (...) Unter Beifall rief er: ›Das Luftbrückendenkmal ist ein Mahnmal dafür, daß Berlin sich unbestreitbar das Recht erworben hat, die Hauptstadt unseres Vaterlandes zu sein.‹«[117]

Die Berliner Flughafengesellschaft erhält im Laufe der 50er Jahre die Möglichkeit, weitere Teile des Gebäudes zu nutzen. Vor allem kommen einige Flugzeughallen hinzu, in denen der Zoll und der Frachthof untergebracht wer-

*Die Kinderluftbrücke:
Ernst Reuter begleitet
Berliner Kinder zum Abflug,
August 1953.*

*Erster Flugplan der Luft-
hansa nach Kriegsende,
1955.*

*Anläßlich der Eröffnung
des Stadtbüros der
Lufthansa am Kurfürsten-
damm wird vor dem
Flughafen die Lufthansa-
Flagge gehißt, Januar 1958.*

den. Die Luftfracht spielt auch nach dem Ende der Luftbrücke eine große Rolle, da es immer wieder zu vereinzelten Störungen des Schienenverkehrs durch die DDR kommt. Großzügig vom Senat unterstützt, werden bis etwa 1958 mit der sogenannten »kommerziellen Luftbrücke« Industriegüter aus West-Berlin ausgeflogen. Der Höhepunkt ist 1953 erreicht, als 51.000 Tonnen Luftfracht in Tempelhof abgefertigt werden, mehr als in jedem anderen europäischen Flughafen.

Im selben Jahr werden Berliner Kinder mit der »Kinderluftbrücke« in den Ferien kostenlos nach Westdeutschland gebracht. Der Flug mit den zweimotorigen »Dakotas« ist ein Erlebnis: »›Ist ja nur wie im Omnibus zweiter Stock‹, meinte beim Start ein Steppke (...). Böse Blicke

treffen einen Knirps, der dem Piloten zuruft: ›Onkel, du kannst ruhig schneller fahren.‹«[118]

In den Luftkorridoren nach West-Berlin kommt es zu vereinzelten Störungen durch die sowjetische Besatzungsmacht. Ein brisanter Fall ereignet sich am 2. April 1963, als erstmals eine Privatmaschine in einen Luftkorridor nach West-Berlin einfliegt: »Ein britisches Privatflugzeug, das von dem kanadischen Fernseh-Schauspieler Hughie Green gesteuert wurde, ist am Dienstag auf dem Flug nach West-Berlin im Luftkorridor Berlin-Frankfurt von zwei sowjetischen Jagdflugzeugen zur Landung aufgefordert worden und – nachdem es dieser Aufforderung nicht nachkam, mit vier oder fünf Salven beschossen worden. Die Maschine landete kurze Zeit später auf dem britischen Flugplatz Gatow.«[119] Für die meisten Fluggäste verläuft die Reise nach Berlin jedoch problemlos, wenn auch in Einzelfällen Passagierflugzeuge willkürlich bedrängt und sogar beschossen werden. Im April 1952 wird eine Linienmaschine der Air France angegriffen: »Die DC-4 wird zunächst auf eine Flughöhe von nur noch 800 Metern gedrückt und dann beschossen. Sie erhält 22 Treffer, bleibt aber flugfähig. (...) Dem Piloten gelingt es, ohne weitere Komplikationen in Tempelhof zu landen.«[120]

Der Passagierverkehr nach West-Berlin nimmt zu, denn die Luftreise ist die einzige Möglichkeit, ohne Kontrolle zwischen der Bundesrepublik und West-Berlin zu verkehren. Somit ist der Luftweg für DDR-Flüchtlinge, die insbesondere seit dem 17. Juni 1953 nach West-Berlin kommen, der einzige Weg zur Weiterreise in die Bundesrepublik. Bereits Anfang der 50er Jahre sind es täglich bis zu

200 Flüchtlinge, kurz vor dem Mauerbau 1961 sind es bis zu 3.000 täglich. Auch der mitgebrachte Besitz der Flüchtlinge muß per Flugzeug ausgeflogen werden. Dabei handelt es sich allerdings nicht nur um Gepäck, sondern manchmal um ganze Autos, in der Regel Wartburgs. Für so sperriges Gut sind die Frachträume der Flugzeuge in den 50er Jahren nicht konzipiert. Es gelingt den Flughafenarbeitern nur mit Mühe und teilweise durch Zerlegung der Wagen, sie in die Frachträume hineinzubugsieren. Doch über den Flughafen Tempelhof werden Fahrzeuge nicht nur ausgeflogen, umgekehrt werden über den Luftweg auch Autos nach Berlin gebracht. 1954 erhält die Flughafengesellschaft den ersten »Follow me«-Wagen, einen VW Käfer. »Vorbei sind endlich die Zeiten, da völlig verdutzte Piloten (…) einen mit dem Leuchtstab winkenden Radfahrer treffen, hinter dem sie dann herrollen müssen.«[121]

Der Flughafen Tempelhof ist für Hunderttausende das Tor nach West-Berlin, unter ihnen zahllose Prominente. Vom Filmstar bis zum Bundespräsidenten, von der Sängerin bis zum Dirigenten. Für einige Schauspieler wird der Flughafen kurzzeitig auch zum Arbeitsplatz. 1954 werden einige Szenen des Films »A price of gold« mit Richard Widmark hier gedreht. Der wohl berühmteste Film, für den 1961 in Tempelhof Dreharbeiten stattfinden, ist »Eins zwei drei« von Billy Wilder mit Lilo Pulver und Horst Buchholz. In die Zeit der Dreharbeiten fällt der Bau der Berliner Mauer, was dem Film Brisanz verleiht, aber keinen Erfolg an den Kinokassen einträgt.

Der Flugverkehr bekommt durch die Insellage West-Berlins schon vor dem Mauerbau große

Konrad Adenauer wird vom Regierenden Bürgermeister Walter Schreiber begrüßt, Februar 1954.

Bundespräsident Theodor Heuss und Willy Brandt, Oktober 1957.

Prominente am Flughafen Tempelhof: Begrüßung des Bundeskanzlers Konrad Adenauer durch den Regierenden Bürgermeister Willy Brandt, Oktober 1958.

Martin Luther King wird von Superintendent Hans-Martin Helbich (links) und dem Senator für Kulturelle Angelegenheiten, Werner Stein, empfangen, September 1964.

Margot Hielscher und Maurice Chevalier, März 1955.

Jayne Mansfield, Juni 1961.

Hans Albers auf dem Flughafen Tempelhof, Juli 1960.

Bedeutung. So steigen die Fluggastzahlen seit dem Ende der Luftbrücke rapide an, von 1950 auf 1951 verdreifacht sich die Zahl der Passagiere nahezu. Die provisorische Abfertigungsanlage ist Mitte der 50er Jahre vollkommen überlastet. Zahlreiche neue Flugverbindungen ziehen zusätzlich Passagiere an, so auch der erste interkontinentale Direktflug, den die PanAm 1954 von Tempelhof nach New York einrichtet. Mit Zwischenstops in Hamburg und Prestwick brauchen die Maschinen vom Typ DC-6 für diese Strecke mehr als 17 Stunden. 1955 verzeichnet Tempelhof über 830.000 Fluggäste, die Kapazität der neuen Abfertigungsanlage ist um mehr als das Doppelte überschritten. Die Flughafengesellschaft drängt auf die Eröffnung der großen Abfertigungshalle, die noch immer schwer beschädigt ist. Nur durch ihre Inbetriebnahme läßt sich auf Dauer die Flut der Passagiere bewältigen.

Nachdem Senat und Bundesregierung eingeschaltet werden, erteilt die US-Air Force 1959 die Genehmigung zur Nutzung der großen Abfertigungshalle, des Vorplatzes und der angrenzenden Bauteile. Mit ihnen wird nun etwa die Hälfte der Gebäude von der Flughafengesellschaft genutzt. Alle Bauteile östlich der Abfertigungshalle bleiben bis 1993 Stützpunkt der US-Air Force. 1959 beginnen die Aufbauarbeiten an der großen Abfertigungshalle, drei Jahre vergehen bis zu ihrer Inbetriebnahme. Zunächst muß ein neuer Boden eingezogen werden, der alte ist seit 1945 zerstört. Die kassettierte Stuckdecke, die noch vor der Einstellung der Bauarbeiten 1943 fertiggestellt wurde, ist stark beschädigt und läßt sich ebenfalls nicht wiederherstellen. Durch eine neue,

Claire Waldoff, um 1955.

Abb. links:
Eugene Ormandy mit seiner
Gattin, September 1952.

Leonard Bernstein,
August 1960.

Abb. links:
Maurice Chevalier,
März 1955.

Ella Fitzgerald, Februar 1960.

Abb. links:
James Stewart mit seiner
Gattin und James Mason
(links), Juni 1962.

Szenenfoto aus »Eins Zwei Drei«, rechts Horst Buchholz, 1961.

schlichte Kassettendecke wird die Hallenhöhe von ursprünglich 19 auf 15 Meter abgehängt, so daß die Decke von oben begehbar ist. Deckenstrahlungsheizung und Lichtbänder können so problemlos gewartet werden. Im Februar 1960 kommt es zu einem vorübergehenden Baustopp: »Leitende Beamte der Sondervermögens- und Bauverwaltung und des Verkehrssenators bestätigten gestern, daß der Ausbau der Empfangshalle des Flughafens Tempelhof vorübergehend gestoppt worden ist. In der letzten Aufsichtsratssitzung der Berliner Flughafengesellschaft hätten einige Mitglieder empfohlen, noch einmal zu prüfen, ob sich nach der Aufnahme des Düsenflug-

verkehrs in Tegel eine Umgestaltung des Gebäudekomplexes am Platz der Luftbrücke in so großzügiger Weise überhaupt noch rentiere.«[122] 1960 nimmt die Air France den Düsenflugverkehr nach Tegel auf. Es werden täglich je zwei Flüge nach München und Paris angeboten sowie ein Flug nach Düsseldorf. Die Abfertigungsgebäude in Tegel sind Provisorien, die aus der Zeit der Luftbrücke stammen und im Laufe der 60er Jahre erweitert werden. Sie befinden sich am Nordrand des heutigen Rollfeldes.

Es setzt sich die Auffassung durch, daß die Abfertigungshalle in Tempelhof gebraucht wird, die Entwicklung der folgenden Jahre zeigt, wie

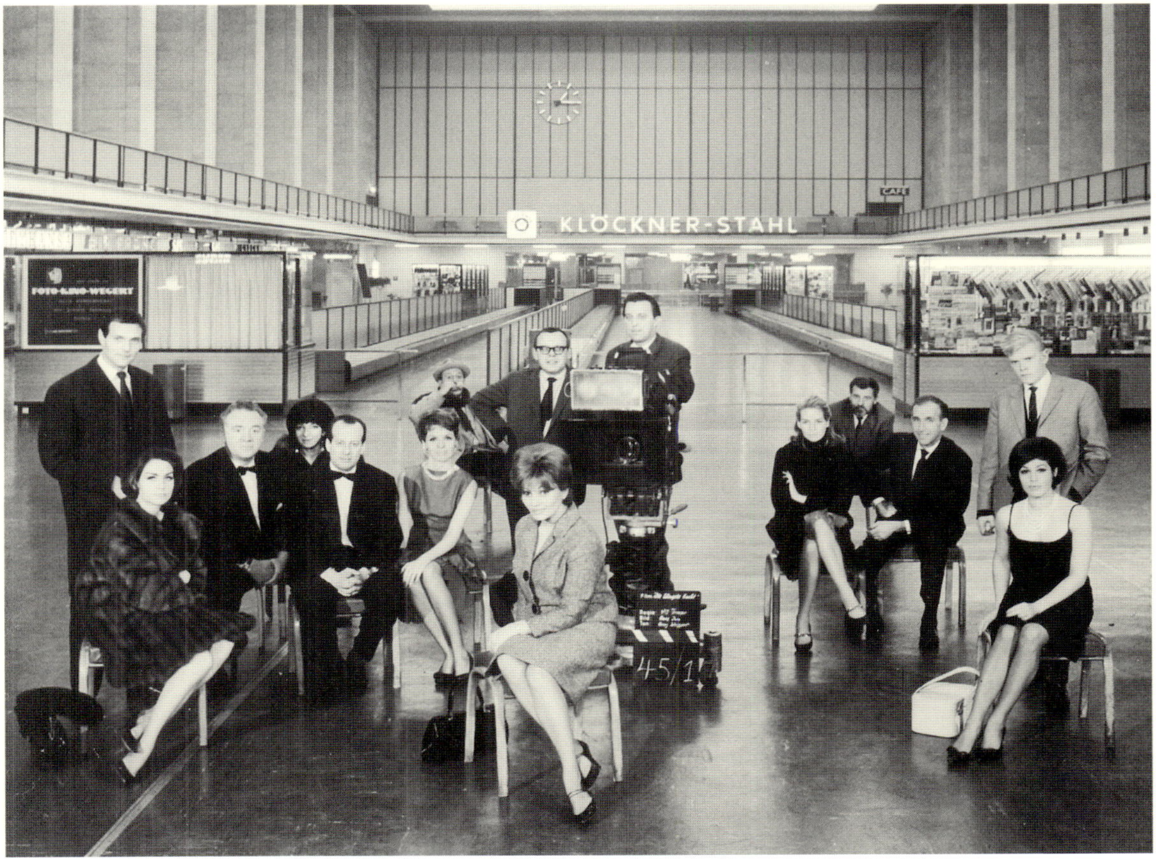

*Während der Dreharbeiten
zu »Die endlose Nacht«
(Regie: Will Tremper),
1962.*

*Szenenfoto aus
»Die endlose Nacht«,
1962.*

*Abb. links:
Szenenfoto aus
»Finale in Berlin«
(Regie: Guy Hamilton),
1966.*

Der Eingang des Flughafens,
Juli 1962.

richtig diese Auffassung ist. Am 2. Juli 1962 eröffnet Bürgermeister Franz Amrehn die große Halle als Herzstück der neuen Abfertigungsanlage. Über 25 Jahre sind seit dem Baubeginn des Flughafens vergangen, in denen kein einziger Fluggast die eigentliche Abfertigungshalle passiert hat. Die Halle werde in Betrieb genommen, so Amrehn, »um die Freiheit des Luftverkehrs zwischen Berlin und dem freien Teil Deutschlands zu unterstreichen. Der Ausbau von Tempelhof sei nicht nur ein verkehrstechnischer, sondern vor allem ein politischer Akt gewesen. (...) Für den Reisenden sei der Flughafen Tempelhof der Bahnhof zur freien Welt.«[123]

Die Kapazität des Flughafens erhöht sich nun wesentlich, die Halle ist mit einer Fläche von 5.000 Quadratmetern die größte Abfertigungshalle in einem deutschen Flughafen. Bis zu 3 Millionen Fluggäste sollen jährlich abgefertigt werden können, doch auch diese Zahl wird nicht nur schnell erreicht, sondern weit überschritten. Während der Eröffnung wird noch an einem neuen Flughafenrestaurant gebaut, es öffnet jedoch erst 1963. Ernst Sagebiel hatte auf dem Dach über dem Flugsteig ein riesiges Restaurant geplant. Das heutige, viel kleinere Restaurant entsteht unter dem Dach des Flugsteigs, mit Blick auf das Rollfeld.

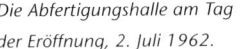

*Die Abfertigungshalle am Tag
der Eröffnung, 2. Juli 1962.*

*Die Abfertigungshalle,
Aufnahme Juli 1997.*

Ankunft in Tempelhof, 1966.

Blick aus dem Restaurant in der Flugsteig, um 1963.

Reparatur der Landebahnen,
Mai 1954.

Schon vor der Inbetriebnahme der neuen Abfertigungsanlage werden zwei der drei Start- und Landebahnen auf 2.116 und 2.093 Meter verlängert. Seit der Luftbrücke verfügte Tempelhof über drei Bahnen, die mittlere wird 1957/58 entfernt, wobei die Lochbleche aus Stahl und Aluminium mühsam geborgen und anschließend als Rohstoff gewinnbringend verkauft werden. Im Laufe der 60er Jahre werden weitere Teile der Flughafenanlage saniert oder ergänzt. So muß der Belag des Vorfeldes erneuert werden, die Basaltinplatten sind dem Gewicht der modernen Verkehrsflugzeuge nicht mehr gewachsen, sie geben nach oder brechen.

Die Ära der Düsenflugzeuge

Flughafen Tempelhof, landende Boeing 727 der PanAm, Aufnahme 1967.

Als 1962 die Abfertigungshalle erstmals ihrer Bestimmung übergeben wird, ist in der Verkehrsluftfahrt bereits ein neues Zeitalter angebrochen, dem der Flughafen Tempelhof nur noch bedingt gewachsen ist: die Ära der Strahl- oder Düsenflugzeuge. Kaum eine andere Neuerung in der Flugzeugtechnik hat so weitreichende Konsequenzen in der Luftfahrt wie der Einsatz von Düsentriebwerken. Mitte der 50er Jahre geraten Flugzeuge mit Propeller und Kolbenmotor an die Grenzen ihrer Entwicklungsfähigkeit. Den Endpunkt der Entwicklung markieren viermotorige Verkehrsflugzeuge wie die Douglas DC-7 mit Reisegeschwindigkeiten um 500 km/h und Platz für rund 100 Passagiere. Mit ihnen ist die Leistungsfähigkeit von Kolbenmotoren weitgehend ausgeschöpft. Während des Zweiten Weltkrieges arbeiten Konstrukteure in Deutschland, England und USA fieberhaft an der Entwicklung von Düsenflugzeugen, die in kleinerem Umfang noch im Krieg eingesetzt werden. Gut zehn Jahre nach Kriegsende sind Düsenflugzeuge im Passagierverkehr betriebsbereit, 1955 läßt die amerikanische Fluggesellschaft PanAm 50 Düsenflugzeuge der Typen Boeing 707 und Douglas DC-8 bauen. Die Düsentriebwerke sind deutlich leistungsfähi-

ger als Kolbenmotoren, die Flugzeuge erreichen höhere Geschwindigkeiten, können
größere Nutzlasten und damit mehr Passagiere befördern. Die erste Fluggesellschaft, die
erfolgreich ein Düsenflugzeug im Passagierverkehr einsetzt, ist 1956 die Sowjetische Gesellschaft Aeroflot. Das Flugzeug ist eine Tupo-
lew Tu 104, sie erreicht bereits eine Reisegeschwindigkeit von 900 km/h.

Der Großauftrag der PanAm an Boeing und
Douglas ist ein deutliches Zeichen für die an-
brechende Ära der Düsenflugzeuge. Das
Zeichen wird auch in Berlin verstanden, der
Senat läßt 1958 die Tauglichkeit der Berliner
Flugplätze Gatow, Tegel und Tempelhof für
den Düsenflugverkehr prüfen. Eines der Mitglieder des beauftragten Gutachtergremiums
ist Heinrich Kosina, der Architekt der Tempelhofer Flugzeughallen von 1924/25. Die
Lärmbelästigung durch die Düsenflugzeuge ist
ein Problem, das in den 50er Jahren noch als
nicht sonderlich gravierend eingeschätzt wird.
Die entscheidende Schwierigkeit stellen die
längeren Start- und Landebahnen dar, die die
Flugzeuge benötigen, weil ihre Startgeschwin-
digkeit höher ist als die von Propeller-
maschinen und weil die Maschinen ständig
größer und damit schwerer werden.

»Da Tempelhof – wegen der Unmöglichkeit,
seine Landebahn angemessen zu verlängern -
voraussichtlich für den Düsenverkehr nicht geeignet ist, wird ein Ausbau des Flughafens
Berlin-Tegel für notwendig erachtet«, so der
Geschäftsbericht der Flughafengesellschaft im
Jahre 1962.

Einer der wichtigsten Vorzüge von Tempelhof
wird dem Flughafen nun zum Nachteil, seine
zentrale Lage im Stadtgebiet. Die Landebah-

Das größte Flugzeug der Welt,
die Lockheed C-5A »Galaxy«,
landet inTempelhof,
September 1971.

nen können nicht verlängert werden, weil das
Flughafengelände an der West- und Ostseite
von Wohnvierteln begrenzt wird. Sagebiel hatte nicht vorhergesehen, daß längere Start-
und Landebahnen einmal erforderlich werden
könnten. Dennoch werden in den 60er Jahren
zunächst Düsenflugzeuge, insbesondere solche vom Typ Boeing 727, in Tempelhof eingesetzt, die allerdings nur auf der längeren der
beiden Bahnen starten und landen können.
Am 2. Dezember 1964 absolviert eine Boeing
727 erstmals mehrere Probelandungen in
Tempelhof. Das ist möglich, weil die Maschinen nicht voll betankt werden, wie es für
Langstreckenflüge erforderlich wäre. So ist ihr
Startgewicht erheblich geringer und die Länge
der Startbahnen von gut 2.000 Metern ausreichend.

Der Flugsteig bei Nacht,
um 1970.

Tegel

Der französische Militärflugplatz Tegel wird 1962 aus mehreren Gründen zum Ausbau empfohlen. Einerseits verfügt er bereits über eine ausreichend lange Start- und Landebahn, andererseits ist die Einflugschneise des Flugplatzes nicht so dicht bebaut wie die in Tempelhof. Auch der britische Militärflugplatz Gatow wird für den Ausbau in Betracht gezogen, doch er liegt zu weit entfernt vom Stadtzentrum. 1960 erhält die Flughafengesellschaft das Recht, Tegel als Zivilflughafen zu nutzen, im selben Jahr verlegt die Air France ihren Flugverkehr von Tempelhof nach Tegel. Zwei Gründe haben die französische Fluggesellschaft dazu bewogen. Die Abferti-

Ansprache des Regierenden Bürgermeisters Klaus Schütz zur Eröffnung des Flughafens Tegel, Oktober 1974.

gung in Tempelhof ist 1960 überlastet, die große Abfertigungshalle noch nicht eröffnet. Zudem setzt die Air France am 24. Februar 1960 erstmals Düsenflugzeuge im Berlin-Verkehr ein. Die Maschinen vom Typ Caravelle SE 210 fliegen zunächst auf der Strecke Paris-Frankfurt-Berlin. Die lange Start- und Landebahn in Tegel eignet sich für die Caravelle besser, während die Abfertigungsbauten noch aus der Zeit der Luftbrücke auf Dauer nicht ausreichend sind. Dennoch beginnt der Flughafen Tegel schon in den frühen 60er Jahren, Tempelhof seinen Rang als *dem* Berliner Flughafen abzulaufen. Der amerikanische Präsident John F. Kennedy landet bei seinem Berlin-Besuch 1963 in Tegel. Das Ende von Tempelhof als dem wichtigsten Berliner Flughafen signalisiert endgültig die Eröffnung der Direktverbindung Berlin - New York 1964 von Tegel.

Im darauffolgenden Jahr entschließt sich der Senat zum Ausbau des Flughafens Tegel. Es wird ein Architektenwettbewerb ausgeschrieben. Noch bevor der erste Spatenstich zum neuen Gebäude gemacht wird, muß der gesamte Flugverkehr der PanAm im November 1966 für mehrere Wochen von Tempelhof nach Tegel verlegt werden, da dort die südliche Start- und Landebahn erneuert wird. Lediglich die BEA und die Charterfluggesellschaften bleiben in Tempelhof und nutzen die nördliche Startbahn. Der organisatorische Aufwand für die Verlegung ist enorm, noch verfügt Tegel über keine geeignete Abfertigungsanlage, obwohl die Provisorien aus der Luftbrückenzeit im Laufe der 60er Jahre mehrfach erweitert wurden. Schon der erste Tag der Verlegung stellt Tegel vor eine Belastungs-

*Flughafen Tegel, Aufnahme
1976.*

probe: »Überraschend landete in den Vormit-
tagsstunden des Montags aber auch die Ber-
lin-Flotte der britischen Gesellschaft BEA in
Tegel, da das Wetter in Tempelhof jeden Flugbetrieb vorübergehend unmöglich gemacht
hatte (...). Zu den befürchteten Stauungen in
den sehr begrenzten Abfertigungshallen in
Tegel kam es (...) nicht.«[124]

Ebenfalls 1966 gibt es die ersten Charter-
flüge ab Berlin. Zunächst starten sie in Tempelhof, 1968 wird der Charterflugverkehr
nach Tegel verlegt, da er hauptsächlich mit
Düsenflugzeugen durchgeführt wird. 1974
werden die neuen Abfertigungsanlagen des
Flughafens Tegel am Südrand des Rollfeldes
eingeweiht.

Stillegung und Wiedereröffnung

Der Einsatz von Düsenflugzeugen läßt das Passagieraufkommen weiter ansteigen. Die PanAm fliegt Berlin seit 1966 vor allem mit dreistrahligen Flugzeugen vom Typ Boeing 727 an. Die hohen Fluggastzahlen machen die Eröffnung von Tegel dringend notwendig, 1971 werden in Tempelhof 5,5 Millionen Fluggäste abgefertigt, im provisorischen Flughafen Tegel im selben Jahr nur rund 600.000 Passagiere. Noch während der Bauarbeiten in Tegel müssen in Tempelhof deshalb Ausbaumaßnahmen getroffen werden, um den Passagieransturm zu bewältigen. Die Abfertigungshalle wird 1970 umgestaltet, die Schalter und das Gepäckband erneuert. Doch nicht nur bei der Abfertigung ist das Tempelhofer Flughafengebäude den Passagierzahlen nicht mehr gewachsen, Probleme gibt es bereits bei der Parkplatzsuche. Die Parkflächen um den Flughafen reichen nicht aus für den Individualverkehr zum Flughafen.

Die Abfertigungshalle im Osterreiseverkehr, 1971.

Der Flugverkehr in Tempelhof ist in den 60er Jahren zum großen Teil Transitverkehr. 42% der Reisenden zwischen der Bundesrepublik und West-Berlin wählen den Luftweg, weil er schnell und vor allem unproblematisch ist. Mit dem Transitabkommen zwischen Bundesrepublik und DDR, das im Juni 1972 in Kraft tritt, ändert sich das. Das Transitabkommen regelt den »Transitverkehr von zivilen Personen und Gütern auf Straßen-, Schienen- und Wasserwegen zwischen der Bundesrepublik Deutschland und den Westsektoren Berlins – Berlin (West) – durch das Hoheitsgebiet der Deutschen Demokratischen Republik.«[125] Die Verbindungen auf Straße und Schiene werden erstmals seit 1945 zugesichert, willkürliche, ja schikanöse Grenzkontrollen auf den Transitstrecken haben ein Ende. Mehr Reisende wählen nun den Landweg, denn trotz Subventionen ist das Fliegen nach West-Berlin nicht die kostengünstigste Verbindung. Noch 1990 wird jeder Hin- und Rückflug etwa von Köln/Bonn nach Berlin mit 48 DM bezuschußt, so daß die Reise statt 530 DM nur 482 DM kostet[126]. In den Jahren nach dem Transitabkommen sinken die Fluggastzahlen in Tegel und Tempelhof dramatisch, um bis zu 13,4% jährlich. Ein Tiefpunkt ist 1976 erreicht, als nicht einmal 4 Millionen Fluggäste in Tegel gezählt werden, über 1,2 Millionen weniger als 1971. Zusätzlich wirken sich die infolge der Ölkrise 1973 gestiegenen Treibstoffpreise negativ aus, denn kein Verkehrsmittel benötigt soviel Treibstoff wie das Flugzeug.
Die Spitzenstellung bezüglich der Fluggastzahlen innerhalb Deutschlands verliert Tempelhof Anfang der 60er Jahre an den Rhein-Main Flughafen bei Frankfurt. 1963 werden

*Die Abfertigungshalle,
Aufnahme 1973.*

dort 3,5 Millionen Fluggäste gezählt, in Berlin insgesamt nur 2,4 Millionen. Nach der Eröffnung der neuen Bauten in Tegel 1974 und dem Rückgang der Passagierzahlen zeigt sich nun, daß die Kapazität der Berliner Flughäfen nicht ausgeschöpft ist. Die Air France hat schon 1960 ihren Verkehr nach Tegel verlagert, nun folgen die beiden anderen großen Gesellschaften PanAm und BEA. Ursprünglich sollte nur eine der beiden nach Tegel umziehen, was daran scheitert, daß die Gesellschaften Tegel wegen seiner Lage als weniger attraktiv gegenüber Tempelhof einschätzen und Nachteile befürchten. Die Briten »erklärten, sie würden nur zusammen mit der PanAm fliegen – entweder von Tempelhof oder von Tegel. Schließlich gelang es dem Senat im Sommer 1974 mit Hilfe eines Barschecks über 10 Millionen Mark, beide Fluggesellschaften zum Umzug nach Tegel zu bewegen.«[127]

Da PanAm und BEA 1974 die einzigen Fluggesellschaften in Tempelhof sind, kommt es bald zwangsläufig zur Stillegung des zivilen Flugverkehrs. Am 1. Juli 1975 wird der gesamte zivile Verkehr nach Tegel verlagert, im September desselben Jahres ziehen auch die Büros der Gesellschaften PanAm und BEA nach Tegel um: das vorläufige Ende Tempelhofs als Zivilflughafen. Die Anwohner freuen sich, sie bleiben nun vom Fluglärm weitgehend verschont. Ab 1975 wird es buchstäblich sehr ruhig. Tempelhof bleibt als Militärflughafen der US-Air Force in Betrieb, verzeichnet aber nur wenige Flugbewegungen pro Tag. In Reclams

*Die Abfertigungshalle in
Tempelhof vor der Schließung,
August 1975.*

Kunstführer von 1980 ist der Flughafen aufge-
führt als »Ehem. Zentralflughafen Berlin-Tempelhof«. Die Schließung für den zivilen Flugverkehr scheint endgültig, von einer vorübergehenden Stillegung ist in den 70er Jahren
nicht die Rede. Einige wenige Aufgaben bleiben auch nach der Schließung 1975: »Um den
Berliner Flughafen Tempelhof weiterhin voll
betriebsfähig zu halten, beauftragte die US-
Mission die Berliner Flughafengesellschaft mit
der Kontrolle der Flugbetriebsflächen, wie z.B.
Bremskoeffizienten-Messung, mit der Durchführung der Sommer- und Winterdienste und
der Bereitstellung der Sanitätsdienste sowie
der Unterhaltung, Wartung und Reparatur der
zivil genutzten Gebäude und Anlagen. Der
Vertrag regelte die Abrechnung der Dienst-
leistungen, den Mittelbedarf für die laufenden
Unterhaltskosten und die erforderlichen In-
vestitionen. Damit steht der Berliner Flughafen
Tempelhof neben seiner Funktion als Stützpunkt der US-Luftwaffe für zivile Zwecke, z.B.
für Sonder- und Trainingsflüge, Ausweich-
landungen und Notfälle, zur Verfügung.«[128]
Als weitere Aufgabe kommt die Radarüber-
wachung des Berliner Luftraums hinzu, die
weiterhin von der Kontrollstation im Flughafen Tempelhof durchgeführt wird. 1984
wird sogar ein neuer, 71 Meter hoher Radar-
turm in Betrieb genommen, der alle Flugbewegungen im Umkreis von 360 Kilometern
registriert. Er steht am nordöstlichen Ende der
Hallenfront, unweit des Columbiadamms.
Außerdem haben zahlreiche Firmen, die mit
der Luftfahrt nicht unmittelbar zu tun haben,
weiterhin ihren Sitz in den Büros des Flughafengebäudes. Auch die Verwaltung der
Flughafengesellschaft behält zunächst ihren

Sitz im Flughafen Tempelhof, sie zieht 1978 nach Tegel um.

Anfang der 80er Jahre gibt es bereits wieder zivilen Flugverkehr in Tempelhof, das Lufttaxi-Unternehmen »Tempelhof Airways U.S.A.« wird gegründet. Ihre kleinen Maschinen werden ab 1982 vor allem für Geschäftsreisen gemietet. Die Firma Nixdorf bucht für Mitarbeiter regelmäßig Flüge nach Paderborn, woraufhin die offensichtliche Marktlücke durch Linienflüge ausgefüllt wird. So erklärt sich die ungewöhnliche Strecke Tempelhof-Paderborn, die ab 1. Oktober 1985 regelmäßig im Liniendienst beflogen wird. Eingesetzt werden kleine Turboprop-Maschinen vom Typ Nord 262 mit 25 Sitzplätzen. Gegen die Wiederaufnahme des zivilen Flugverkehrs formiert sich die »Bürgerinitiative Flughafen Tempelhof«. Doch schon im folgenden Jahr eröffnet die Tempelhof Airways eine zweite Linie in Richtung Dortmund.

Nach dem Fall der Mauer steigen die Passagierzahlen im Berlin-Verkehr erheblich an, zwischen 1989 und 1990 ist ein Zuwachs von fast 13% zu verzeichnen. Neue Fluggesellschaften nehmen den Verkehr nach Berlin auf, nachdem im Oktober 1990 erstmals seit Kriegsende die Lufthoheit an deutsche Behörden

Eingang zum Flughafen, Aufnahme 1997.

Fallschirmabsprung über dem Flughafen am »Tag der offenen Tür«, September 1971.

übergeben wird. Tegel gerät an seine Kapazitätsgrenze, und somit wird die Reaktivierung Tempelhofs als Regional- und Ergänzungsflughafen erforderlich. Zunächst wird zur Abfertigung die kleine Halle von 1951 genutzt, im Dezember 1990 wird die große Abfertigungshalle reaktiviert. In den rund 60 Jahren seit der Fertigstellung des Rohbaus ist die Halle gerade 20 Jahre zur Abfertigung von Passagieren benutzt worden, nämlich von 1962 bis 1975 und seit 1990.

1993 zieht die US-Air Force aus dem Flughafen Tempelhof ab. Am 30. Juni des Jahres wird die gesamte Anlage nach fast fünfzigjähriger Nutzung durch die Amerikaner an die Flughafengesellschaft, bereits ein Jahr zuvor wird die

Flugsicherung wieder in deutsche Hände übergeben. Der gesamte Luftraum über Ostdeutschland wird von Tempelhof aus kontrolliert. Bis heute sind Spuren der amerikanischen Nutzung im Flughafen präsent, besonders in den englischsprachigen Beschilderungen am und im Gebäude. Über den Eingängen zu mehreren Konferenzräumen ist noch der Hinweis zu lesen: »Meeting in progress. Do not enter«.

Inzwischen hat der Flugverkehr in Tempelhof einen kleinen Aufschwung genommen. Von diversen Fluggesellschaften werden Kurz- und Mittelstreckenflüge angeboten, im Mai 1997 eröffnet die Fluggesellschaft Eurowings eine neue Strecke nach Frankfurt am Main, die vier-

Die Ju 52 »Berlin-Tempelhof« vor dem Flugsteig, um 1985.

mal täglich beflogen wird. Dennoch ist Tempelhof nicht ausgelastet, der Besucher kann das unschwer an der stets gähnend leeren Abfertigungshalle erkennen. 1996 verzeichnet Tempelhof etwa 718.000 Fluggäste – es waren einmal über 5,5 Millionen. Ebenfalls nicht ausgelastet sind die Büroflächen. Etwa 30% der vermietbaren Flächen stehen leer. Die Mieter der übrigen Räume stellen eine bunte Mischung dar: unter ihnen der Deutsche Wetterdienst, die Johanniter Unfallhilfe, Autovermietungen mit eigener Autowaschanlage in einem der Innenhöfe des Gebäudes, das Revuetheater »La vie en rose«, eine Außenstelle des Bundesgrenzschutzes und viele andere. Einer der jüngsten Mieter ist der Veranstalter des Musicals »Space Dream«, das seit Februar 1997 in einer Flugzeughalle gespielt wird.

Ausblick

Großflughafen Berlin Brandenburg International

Berlins Rolle im Luftverkehr ändert sich seit der Vereinigung nach jahrzehntelanger Sonderstellung. »Berlin muß 'runter von der Insel«, schreibt 1993 der Vorstandsvorsitzende der Lufthansa[129]. »Nach 40 Jahren ist Berlin nun wieder Kreuzungspunkt und Drehscheibe für die transkontinentalen Verkehrsströme«, so der für den Verkehr zuständige EU-Kommissar Neil Kinnock, »Berlin wird im Jahre 2010 das sein, was Heathrow heute ist.«[130] Ob Berlin dem zur Zeit größten Flughafen Europas, London-Heathrow, den Rang ablaufen wird, ist fraglich. »Pro Jahr eine Million mehr Passa-

giere«, dieses Ziel setzt sich die Flughafen Holding 1993[131]. Bisher ist diese Steigerung nur zwischen 1993 und 1994 erreicht worden. Besonders im innerdeutschen Flugverkehr ist die Entwicklung schwer vorherzusehen, weil die Bahn zunehmend schnellere und meist kostengünstigere Verbindungen anbietet. In jedem Fall wird Berlin aufgrund politischer Veränderungen eine größere Bedeutung im Luftverkehr bekommen. Die Funktion als Hauptstadt und Regierungssitz spielt dabei eine Rolle, aber auch die geplante Osterweiterung der Europäischen Union, die Berlin zu einem Drehkreuz des Ostens machen könnte. »Das bestehende Flughafensystem (in Berlin) ist jedoch nicht unbegrenzt aufnahmefähig. Die landseitigen Kapazitätsgrenzen liegen zusam-

Landeanflug über dem Bezirk Neukölln, 1974.

Landende Boeing 727 über dem S-Bahnhof Tempelhof, 1971.

men bei rund 15,5 Millionen Fluggästen«, so Götz Herberg, der Vorsitzende der Geschäftsführung der Berlin Brandenburg Flughafen Holding (BBF)[132]. Im Jahr 2010 rechnet die BBF mit 20 Millionen Fluggästen, etwa 11 Millionen sind es 1996. Seit 1992 sucht die BBF, hervorgegangen aus der Vereinigung der Berliner Flughafengesellschaft und der Flughafengesellschaft Schönefeld, nach einem neuen Konzept für die Berliner Flughäfen. Die Alternativen sind zunächst ein kompletter Neubau eines Großflughafens oder der Ausbau eines der bestehenden Flughäfen, wobei nur Schönefeld langfristig ausbaufähig ist. Für den Neubau kommen zwei Orte in die engere Wahl, Jüterbog-Ost und Sperenberg. Am 20. Juni 1996 wird bekanntgegeben: »Die Gesellschafterversammlung als zuständiges Entscheidungsorgan der BBF beschließt einstimmig die Umsetzung der Empfehlung des Bundesverkehrsministers, des Ministerpräsidenten des Landes Brandenburg und des Regierenden Bürgermeisters von Berlin (...), die Schönefeld als Standort für den neuen Single-Airport Berlin Brandenburg International vorsieht.«[133]

Baubeginn für den Großflughafen Berlin Brandenburg International (BBI) wird frühestens 2002 sein, die Inbetriebnahme ist gegenwärtig für das Jahr 2007 geplant. Skeptische Landespolitiker gehen sogar davon aus, »daß vor dem Jahr 2020 noch immer kein Flugzeug vom BBI abheben wird.«[134] Die Kosten des Großflughafens von geschätzten 8 bis 15 Milliarden DM sollen teilweise privatwirtschaftlich getragen werden, ein Modell, das bereits in London, Wien und Athen erprobt worden ist. Dem neuen Flughafen, in dem jährlich über 20 Millionen Fluggäste abgefertigt werden sollen, kommt nach Auffassung des Senats eine große Bedeutung für die weitere Entwicklung Berlins zu: »... die Entscheidung für den Großflughafen Berlin Brandenburg International (beinhaltet) einen qualitätvollen Sprung in der Entwicklung der Stadt. Der Globalisierung einer Welt, für die Berlin lange Jahre abseits lag, muß die Stadt Rechung tragen, will sie nicht im Abseits bleiben.«[135] Im Zuge des Ausbaus von Schönefeld zum Großflughafen sollen die Flughäfen Tegel und Tempelhof geschlossen werden.

Tempelhof aufs Altenteil?

Platz der Luftbrücke. Übergang zum ehemaligen Flughafen Tempelhof.« So könnte schon in wenigen Jahren die Stationsansage der U-Bahn nach dem Halt im Bahnhof Mehringdamm lauten. Während die Schließung des Flughafens Tegel erst nach Inbetriebnahme einer weiteren Start- und Landebahn in Schönefeld möglich ist, soll Tempelhof geschlossen werden, sobald die Planfeststellung für den Großflughafen BBI gerichtlich überprüft und rechtskräftig ist. Das könnte frühestens 2002 der Fall sein. Doch zur Schließung eines Verkehrsflughafens sind aufwendige bürokratische Verfahren erforderlich, angefangen mit einem Antrag bei der Landesluftfahrtbehörde, so daß die Schließung vor dem Jahre 2003 kaum zu realisieren ist[136].

Die Gründe für eine Schließung von Tempelhof sind vielfältig. Ein Flughafen mitten in der Stadt bringt Lärmbelastungen für die Anwohner mit sich, trotz des Nachtflugverbots in Tempelhof zwischen 22 und 6 Uhr, das seit 1972 in Kraft ist. Zur Lärmbelästigung hinzu kommt ein Sicherheitsrisiko durch eventuelle Unfälle, auch wenn es in 75 Jahren Flugbetrieb in Tempelhof bisher zu keinem schweren Unfall gekommen ist. Die Kapazität von Tempelhof könnte von Schönefeld aufgefangen werden. Das System dreier Flughäfen in einer Stadt ist unwirtschaftlich und unpraktisch. Große Zeitverluste müssen Fluggäste hinnehmen, die Berlin nicht als Zielort haben, sondern hier nur umsteigen und durch die Stadt von einem der drei Flughäfen zu einem anderen gelangen müssen. Der Anteil dieser Passagiere wird in den nächsten Jahren in Berlin erheblich ansteigen, zur Zeit liegt er bei etwa 3%. Zudem können private Investoren für den

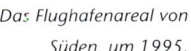

Das Flughafenareal von Süden, um 1995.

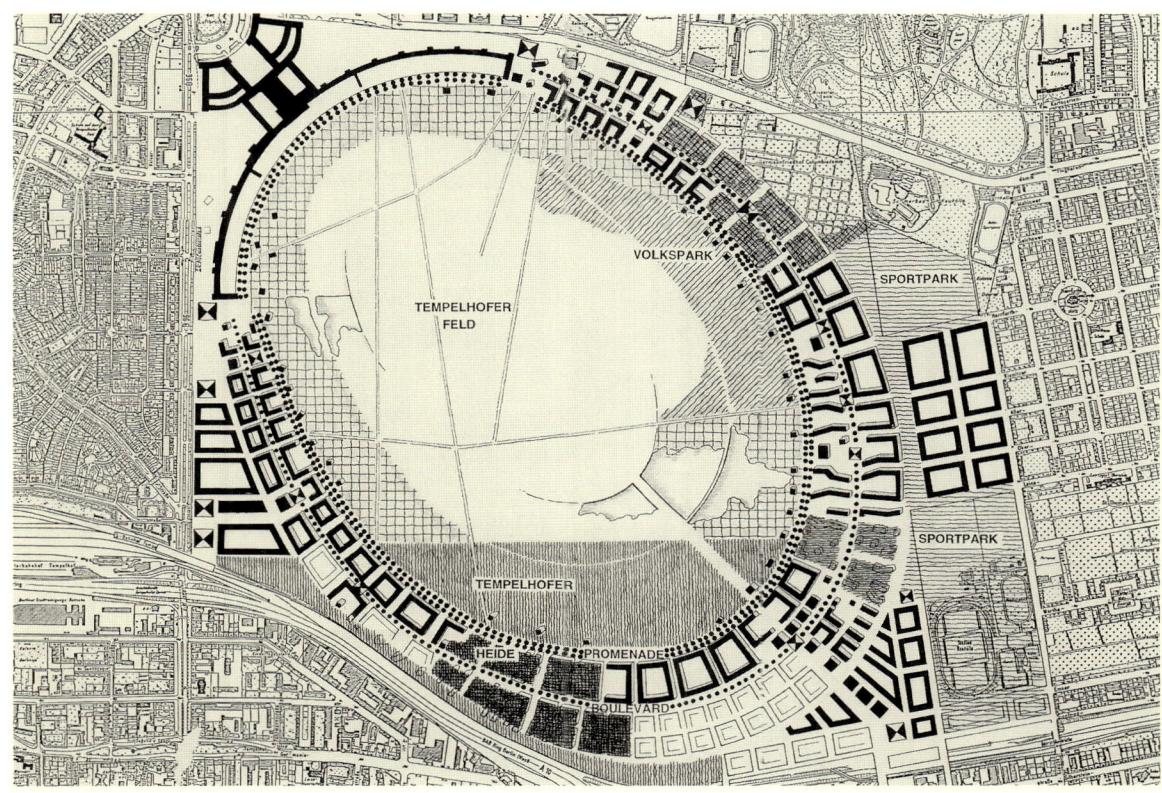

VOLKSPARK

SPORTPARK

TEMPELHOFER
FELD

SPORTPARK

TEMPELHOFER

HEIDE   PROMENADE

BOULEVARD

Die Vorzugsvariante zur
Bebauung des Tempelhofer
Feldes, erarbeitet im Auftrag
der Senatsverwaltung für
Stadtentwicklung und
Umweltschutz, 1993/94.

Großflughafen BBI nur gewonnen werden, wenn die Konkurrenz durch Tegel und Tempelhof ausgeschlossen wird.

Umgekehrt gibt es gute Argumente für eine – wenigstens mittelfristige – Offenhaltung des Flughafens Tempelhof. Seit 1995 setzt sich die Interessengemeinschaft City-Airport Tempelhof für den Erhalt von Tempelhof ein. Die zentrale Lage macht den Flughafen besonders für Geschäftsleute attraktiv, die auf kurze, zeitsparende Anfahrtswege angewiesen sind und die zur Zeit etwa 90% der Fluggäste in Tempelhof ausmachen. Die Anbindung Tempelhofs an das Stadtzentrum ist optimal, kein Flughafenexpress wird den Großflughafen BBI so schnell erreichen können wie die U-Bahnlinie 6 den Flughafen Tempelhof. Bei den Fluggästen er-

freut sich Tempelhof derzeit wachsender Beliebtheit, im April 1997 zählt die Flughafengesellschaft in Tempelhof 15,4% mehr Passagiere als im Vorjahresmonat. Bei der Schließung Tempelhofs wird das größte Problem die Umsiedlung der Fluggesellschaften sein, ähnlich wie bereits 1975. Da in Tegel keine Kapazitäten mehr frei sind, müssen die Gesellschaften ihren Betrieb nach Schönefeld verlegen. Für Geschäftsleute ist Schönefeld wegen der Entfernung zur Stadt aber der ungünstigste der Berliner Flughäfen. So könnte die paradoxe Situation entstehen, daß die heute in Tempelhof beheimateten Fluggesellschaften nach Schönefeld ziehen müssen, ihre Kunden aber nur ab Tegel fliegen wollen.

Diese Argumente werden die Schließung Tempelhofs langfristig nicht verhindern; im Unterschied zu den vergangenen Stillegungen wird die künftige nicht mehr rückgängig zu machen sein, wenn sie einmal vollzogen ist. Das Flughafenareal sowie das Gebäude sollen umgenutzt werden, bleiben aber im Besitz des Landes (44,4%) und des Bundes (55,6%). Im Flughafengebäude wird sich nach der Schließung voraussichtlich eine Mischung verschiedener Nutzer etablieren, das Musical »Space Dream« ist dabei ein Vorreiter anderer kultureller Veranstaltungen oder Institutionen, die folgen könnten. Möglicherweise liegt hier die Zukunft Tempelhofs. Bei allen Umbauten, die für neue Nutzer erforderlich seien können, ist wichtig, daß sie reversibel sind und nicht in die Bausubstanz des Gebäudes eingreifen, so eine Auflage des Denkmalschutzes. Das Flughafengebäude wurde 1995 in die Liste der Berliner Baudenkmäler aufgenommen. Doch ein Großteil des Gebäudes bleibt praktisch unberührt von der Flughafenschließung, da zahlreiche der heutigen Mieter die Büroflächen auch über die Schließung hinaus nutzen werden. Lediglich die Flughafengesellschaft sowie andere Institutionen und Firmen, die mittelbar oder unmittelbar mit dem Flugbetrieb beschäftigt sind, werden ausziehen.

Tiefgreifendere Veränderungen wird nach der Schließung das heutige Rollfeld erfahren. Seit 1994 gibt es ein städtebaulich-landschaftsplanerisches Rahmenkonzept für das ehemalige Tempelhofer Feld, erstellt im Auftrag der Senatsverwaltung für Stadtentwicklung und Umweltschutz. Die Vorzugsvariante des Konzepts schlägt eine teilweise Bebauung an den Rändern des ellipsenförmigen Areals vor. Etwa 7.500 Wohnungen können geschaffen werden, zusätzlich sollen Verwaltungs- und Geschäftsbauten entstehen. Doch eine Bebauung wirft aus klimatologischen Gründen Probleme auf, die schon 1910 anläßlich der Pläne zur Bebauung des Tempelhofer Feldes erkannt worden waren. Der Luftaustausch zwischen den angrenzenden Bezirken könnte auch durch eine niedrige und aufgelockerte Bebauung behindert werden.

Der größte Teil des Flughafengeländes soll in jedem Fall unbebaut bleiben und als Grünanlage gestaltet werden. »Durch die Sicherung des Freiraumes bietet sich vielen heutigen und künftigen Anwohnern die Chance, direkt am Park zu arbeiten und zu leben. Die Defizite in der Frei- und Spielflächenversorgung der angrenzenden Quartiere lassen sich durch den neuen Park mildern, und auch die 17.000 Einwohner und bis zu 17.000 Beschäftigten in der Flughafenstadt wären Nutzer der großen Freifläche.«[137]

Nach mehr als einem dreiviertel Jahrhundert wird das Tempelhofer Feld wieder Naherholungsgebiet. Die Verkehrserschließung für die neuen Wohn- und Geschäftsbauten auf dem Areal könnte nach Vorschlag des Rahmenkonzeptes durch eine Straßenbahnlinie und eine Buslinie sowie durch einen neuen S-Bahnhof »Stadion Neukölln« zwischen den Ringbahn-Stationen Tempelhof und Hermannstraße gewährleistet werden. Das Rahmenkonzept legt weder die genaue Gestaltung der Grünanlage noch die der Bauten fest, dazu sind langwierige städtebauliche und landschaftsplanerische Wettbewerbe erforderlich. Bis sich die Berliner am Wochenende wieder zu einem Ausflug auf das Tempelhofer Feld aufmachen können, wird es noch einige Jahre dauern.

*Überführung eines »Rosinen-
bombers« vom Flughafen
zum Deutschen Technik
Museum, April 1997.*

Anmerkungen:

1 Vossisches Tageblatt, 8. Oktober 1923.

2 Vossische Zeitung, 1. September 1910.

3 zitiert nach: Wollschläger, Paul: Der Bezirk Tempelhof. Eine Chronik in Geschichten und Bildern. Berlin 1964, S.74f.

4 zitiert nach: Panamarenko. Ausstellungskatalog Kunsthalle Basel. Basel 1977, o.S.

5 Wollschlaeger, Günter: Chronik Tempelhof. Teil I: Das Tempelhofer Feld. Berlin 1987, S.39.

6 Vossische Zeitung, 29. August 1897.

7 Vossische Zeitung, 30. August 1909.

8 Schwipps, Werner: Riesenzigarren und fliegende Kisten. Bilder aus der Frühzeit der Luftfahrt in Berlin (Berliner Beiträge zur Technikgeschichte und Industriekultur. Schriftenreihe des Museums für Verkehr und Technik Berlin). Berlin 1984, S.47.

9 Vossische Zeitung, 30. August 1909.

10 zitiert nach: Temming, Rolf L.: Flugzeuge. Eine Geschichte der Luftfahrt in Wort und Bild. Klagenfurt 1986, S.22.

11 Adams, H.: Flug. Leipzig 1909, S.40.

12 Berliner Lokalanzeiger, 5. September 1909.

13 zitiert nach: Conin, Helmut: Gelandet in Berlin. Zur Geschichte der Berliner Flughäfen. Hgg. von der Berliner Flughafengesellschaft mbH. Berlin 1974, S.32.

14 Vossische Zeitung, 29. August 1909.

15 zitiert nach: Schwipps: ebd., S.73.

16 zitiert nach: Hundert Jahre deutsche Luftfahrt. Lilienthal und seine Erben. Hg. Museum für Verkehr und Technik Berlin. Gütersloh/München 1991, S.33.

17 zitiert nach: Hundert Jahre deutsche Luftfahrt: ebd., S.34f.

18 zitiert nach: Berlin-Tempelhof. Stadtführer von Karl Baedecker. Freiburg/Br. 1983, S.20.

19 Die Volkswohnung 2/1920, S.202.

20 nach: Bauwelt 43/1954, S.568.

21 zitiert nach: Bauwelt 43/1954, S.568.

22 Die Geschichte der Deutschen Lufthansa. Hgg. von der Deutsche Lufthansa Aktiengesellschaft, Köln 1980, S.11.

23 Conin: ebd., S.55.

24 Conin: ebd., S.55.

25 Vossische Zeitung, 6. Februar 1919.

26 Wronsky, Martin: Aufbau der deutschen Handelsluftfahrt. In: Zehn Jahre deutsche Geschichte 1918-1928. Berlin o.J.(1929), S.299-310, S.300.

27 Völker, Karl-Heinz: Die Entwicklung der militärischen Luftfahrt in Deutschland… Beiträge zur Militär- und Kriegsgeschichte. Hg. Militärgeschichtliches Forschungsamt. Bd. 3. Stuttgart 1962, S.128.

28 Wronsky: ebd., S.301f.

29 Die Geschichte der deutschen Lufthansa: ebd., S.13.

30 Vossische Zeitung, 7. Mai 1926.

31 Conin: ebd., S.128.

32 Conin: ebd., S.128.

33 Adler, Leonhard: Der Berliner Zentralflughafen auf dem Tempelhofer Feld. In: Jahrbuch für Luftverkehr 1924. München 1924, S.321-326, S.324.

34 Gärtner, Ulrike: Flughafenarchitektur der 20er und 30er Jahre in Deutschland (Diss.). Marburg 1990, S.89.

35 Conin: ebd., S.74.

36 Bauwelt 14/1923, S.252.

37 Vossische Zeitung, 8. Oktober 1923.

38 Gärtner: ebd., S.57.

39 Vossische Zeitung, 20. Mai 1924.

40 Bauwelt 16/1925, S.3.

41 Bauwelt 16/1925, S.4.

42 Bauwelt 16/1925, S.8.

43 Gärtner: ebd., S.71.

44 Bauwelt 16/1925, S.961.

45 Bauwelt 16/1925, S.961.

46 Deutsche Bauzeitung 63/1929, S.345.

47 Wronsky: ebd., S.303.

48 Vossische Zeitung 7. April 1926.

49 Vossische Zeitung 7. April 1926.

50 Die Geschichte der Deutschen Lufthansa: ebd., S.19.

51 Conin: ebd., S.71.

52 Conin: ebd., S.71f.

53 Wronsky: ebd., S.309.

54 Neue Tempelhofer Zeitung, 8. Juni 1927.

55 zitiert nach: Streit, Kurt W. und Taylor, John W.R.: Geschichte der Luftfahrt. Künzelsau 1975, S.133.

56 Vossische Zeitung, 21. Juni 1928.

57 Vossische Zeitung, 14. Mai 1931.

58 Streit/Taylor: ebd., S.206.

59 Bauwelt 16/1925, S.4.

60 Vossische Zeitung, 29. April 1933.

61 Deutsche Allgemeine Zeitung, 15. August 1938.

62 Grosz, Peter M.: Erinnerungen an Tempelhof. Aus einer flugbegeisterten Kindheit. In: Der Traum vom Fliegen. Faszination zwischen Kunst und Technik. Hg. Bezirksamt Tempelhof von Berlin. Berlin 1987, S.34-37.

63 Gärtner: ebd., S.132.

64 zitiert nach: Gärtner: ebd., S.131.

65 zitiert nach: Gärtner: ebd., S.132.

66 Deutsche Flughäfen 5/1937. H1, S.1.

67 zitiert nach: Schäche, Wolfgang: Architektur und Städtebau in Berlin zwischen 1933 und 1945: Planen und Bauen unter der Ägide der Stadtverwaltung (Die Bauwerke und Kunstdenkmäler von Berlin). Berlin 1991, S.80.

68 Bundesarchiv Koblenz, R 43II/1181 (Bestand Reichskanzlei), Vermerk betr. »Ausbau des Flughafens Tempelhof« vom 13. März 1936, Bl.144.

69 zitiert nach: Gärtner: ebd., S.136.

70 Welt am Sonntag, 27. Januar 1957.

71 Der Spiegel 1997, H.10, S.191.

72 Wasmuths Lexikon für Baukunst (Ergänzungsband). Berlin 1937, Stichwort »Sagebiel«.

73 Bauwelt 33/1942, Beil., S.3.

74 Flughafen 7/1939, S.145.

75 Deutsche Flughäfen 5/1937, H1, S1.

76 Weltluftfahrt 1951, S.189.

77 Die Luftreise 7/1938, S.18.

78 Deutsche Allgemeine Zeitung, 5. Dezember 1937.

79 Deutsche Allgemeine Zeitung, 5. Dezember 1937.

80 Deutsche Flughäfen 5/1937, H.1, S.1.

81 Deutsche Flughäfen 5/1937, H.1, S.1.

82 Die Luftreise 7/1938, S.169.

83 Flughafen 7/1939, S.150.

84 Bauamt und Gemeindebau 19/1937, S.116.

85 Flughafen 7/1939, S.151.

86 Flughafen 7/1939, S.151.

87 zitiert nach: Wollschlaeger: ebd., S.74.

88 zitiert nach: Gärtner: ebd., S.136.

89 Flughafen 7/1939, S.151.

90 Flughafen 7/1939, S.150.

91 Flughafen 7/1939, S.151.

92 Berlin und seine Bauten. Teil X, Band B: Anlagen und Bauten für den Verkehr. (2) Fernverkehr. Berlin 1984, S.295.

93 Baugilde 20/1938, S.1014.

94 zitiert nach: Schäche: ebd., S.80.

95 Larsson, Lars Olof: Die Neugestaltung Berlins im Dritten Reich. In: Ordnung in Stein. Architektur des Nationalsozialismus. Katalog der TH Darmstadt, FB Architektur. Darmstadt 1975, S.54.

96 Vossische Zeitung, 2. Mai 1933.

97 zitiert nach: Halle, G.: Otto Lilienthal. Düsseldorf 1956, S.177f.

98 Conin: ebd., S.211.

99 Engeli, Christian und Ribbe, Wolfgang: Berlin in der NS-Zeit (1933-45). In: Geschichte Berlins. Hg. Wolfgang Ribbe. 2 Bde. München 1987, S.927-1020, S.1010.

100 Bauamt und Gemeindebau 19/1937, S.16.

101 Wollschlaeger: ebd., S.89.

102 Wollschlaeger: ebd., S.90.

103 Wollschlaeger: ebd., S.90.

103 Anderhub, Andreas und Bennett, Jack O.: Blockade, Luftbrücke und Luftbrückendank. Zur Geschichte der Krise um Berlin 1948/49 (Berliner Forum 2/84). Berlin 1984, S.19.

104 zitiert nach: Hundert Jahre deutsche Luftfahrt: ebd., S.108.

105 zitiert nach: Hundert Jahre deutsche Luftfahrt: ebd., S.114.

106 Anderhub/Bennett: ebd., S.60.

107 Luftbrücke nach Berlin. Ein dokumentarisches Bilderbuch. Hgg. im Auftrage des Magistrats von Gross-Berlin. Berlin 1949, S.52f.

108 Conin: ebd., S.223.

109 zitiert nach: Luftbrücke nach Berlin ebd., S.77.

110 Der Spiegel 1997, H.10, S.193.

111 Der Tagesspiegel, 10. Juli 1951.

112 Der Tagesspiegel, 10. Juli 1951.

113 Berlin und seine Bauten: ebd., S.283.

114 Conin: ebd., S.212.

115 Der Tagesspiegel, 11. Juli 1951.

116 Der Tagesspiegel, 11. Juli 1951.

117 Der Tagesspiegel, 11. Juli 1951.

118 Der Tagesspiegel, 3. April 1963.

119 Przychowski, Hans von: Luftverkehr in Berlin. Die Flughäfen im Wandel der Zeit 1945-1996 (eine Zeittafel). Berlin 1996, S.17f.

120 Conin: ebd., S.278.

121 Der Tagesspiegel, 25. Februar 1960.

122 Der Tagesspiegel, 3. Juli 1962.

123 Der Tagesspiegel, 15. November 1966.

124 Berlin-Handbuch. Das Lexikon der Bundeshauptstadt. Hg. Presse- und Informationsamt des Landes Berlin. Berlin 1992, Stichwort »Transitverkehr«.

125 Hundert Jahre deutsche Luftfahrt: ebd., S.126.

126 Der Tagesspiegel, 2. Juni 1997.

127 Treibel, Werner: Berliner Flughäfen im Wandel. Eine Dokumentation von 1909 bis 1989. Koblenz 1990, S.25.

128 Der Tagesspiegel, 28. April 1997.

129 Der Tagesspiegel, 22. Januar 1997.

130 Wolf, Winfried: Berlin - Weltstadt ohne Auto? Verkehrsgeschichte 1848-2015. Köln 1994, S.230.

131 Foyer 5/1995, Nr.4, S.51.

132 Daten und Fakten, S.7.

133 Foyer 5/1995, Nr.4, S.53.

134 Foyer 6/1996, Nr.3, S.7.

135 Der Tagesspiegel, 2. Juni 1997.

136 Berlin wird…: Flughafen Tempelhof (Faltblatt Nr.1). Hg. Senatsverwaltung für Stadtentwicklung und Umweltschutz, Referat Öffentlichkeitsarbeit. Berlin 1994.

Bildnachweis:

Literatur:

Adler, Leonhard: Der Berliner Zentralflughafen auf dem Tempelhofer Feld. In: Jahrbuch für Luftverkehr 1924. München 1924, S.321-326.

Adams, H.: Flug. Leipzig 1909.

Anderhub, Andreas und Bennett, Jack O.: Blockade, Luftbrücke und Luftbrückendank. Zur Geschichte der Krise um Berlin 1948/49 (Berliner Forum 2/84). Berlin 1984.

Berlin-Handbuch. Das Lexikon der Bundeshauptstadt. Hg. Presse- und Informationsamt des Landes Berlin. Berlin 1992.

Berlin-Tempelhof. Stadtführer von Karl Baedecker. Freiburg/Br. 1983.

Berlin und seine Bauten. Teil X, Band B: Anlagen und Bauten für den Verkehr. (2) Fernverkehr. Berlin 1984.

Berlin wird...: Flughafen Tempelhof (Faltblatt Nr.1). Hg. Senatsverwaltung für Stadtentwicklung und Umweltschutz, Referat Öffentlichkeitsarbeit. Berlin 1994.

Buchholz, Peter: Tempelhof (Geschichte der Berliner Verwaltungsbezirke Bd.8.). Hg. Wolfgang Ribbe. Berlin 1990.

Conin, Helmut: Gelandet in Berlin. Zur Geschichte der Berliner Flughäfen. Hgg. von der Berliner Flughafengesellschaft mbH. Berlin 1974.

Daten und Fakten. Verkehrsbericht 1996. Hg. Berlin Brandenburg Flughafen Holding GmbH. Berlin 1997.

Engeli, Christian und Ribbe, Wolfgang: Berlin in der NS-Zeit (1933-45). In: Geschichte Berlins. Hg. Wolfgang Ribbe. 2 Bde. München 1987, S.927-1020.

Gärtner, Ulrike: Flughafenarchitektur der 20er und 30er Jahre in Deutschland (Diss.). Marburg 1990.

Die Geschichte der Deutschen Lufthansa. Hg. Deutsche Lufthansa Aktiengesellschaft. Köln 1980.

Grosz, Peter M.: Erinnerungen an Tempelhof. Aus einer flugbegeisterten Kindheit. In: Der Traum vom Fliegen. Faszination zwischen Kunst und Technik. Hg. Bezirksamt Tempelhof von Berlin. Berlin 1987, S.34-37.

Halle, Gerhard: Otto Lilienthal. Düsseldorf 1956.

Hundert Jahre deutsche Luftfahrt. Lilienthal und seine Erben. Hg. Museum für Verkehr und Technik Berlin. Gütersloh/München 1991.

Larsson, Lars Olof: Die Neugestaltung Berlins im Dritten Reich. In: Ordnung in Stein. Architektur des Nationalsozialismus. Katalog der TH Darmstadt, FB Architektur. Darmstadt 1975.

Luftbrücke nach Berlin. Ein dokumentarisches Bilderbuch. Hgg. im Auftrage des Magistrats von Gross-Berlin. Berlin 1949.

Panamarenko. Ausstellungskatalog Kunsthalle Basel. Basel 1977.

Przychowski, Hans von: Luftbrücken nach Berlin. Der alliierte Flugverkehr 1945-1990. Berlin 1996.

Przychowski, Hans von: Luftverkehr in Berlin. Die Flughäfen im Wandel der Zeit 1945-1996 (eine Zeittafel). Berlin 1996.

Reichhardt, Hans J. und Schäche, Wolfgang: Von Berlin nach Germania. Über die Zerstörungen der Reichshauptstadt durch Albert Speers Neugestaltungsplanungen. Berlin 1984.

Schäche, Wolfgang: Architektur und Städtebau in Berlin zwischen 1933 und 1945: Planen und Bauen unter der Ägide der Stadtverwaltung (Die Bauwerke und Kunstdenkmäler von Berlin). Berlin 1991.

Schmitt, Günter: Als die Oldtimer flogen. Die Geschichte des Flugplatzes Berlin-Johannisthal. Berlin 1980.

Schwipps, Werner: Riesenzigarren und fliegende Kisten. Bilder aus der Frühzeit der Luftfahrt in Berlin (Berliner Beiträge zur Technikgeschichte und Industriekultur. Schriftenreihe des Museums für Verkehr und Technik Berlin). Berlin 1984.

Speer, Albert. Erinnnerungen. Frankfurt(M)/Berlin 1993.

Streit, Kurt W. und Taylor, John W.R.: Geschichte der Luftfahrt. Künzelsau 1975.

Temming, Rolf L.: Flugzeuge. Eine Geschichte der Luftfahrt in Wort und Bild. Klagenfurt 1986.

Treibel, Werner: Berliner Flughäfen im Wandel. Eine Dokumentation von 1909 bis 1989. Koblenz 1990.

Völker, Karl-Heinz: Die Entwicklung der militärischen Luftfahrt in Deutschland. Beiträge zur Militär- und Kriegsgeschichte. Hg. Militärgeschichtliches Forschungsamt. Bd. 3. Stuttgart 1962.

Wasmuths Lexikon für Baukunst (Ergänzungsband). Berlin 1937.

Wolf, Winfried: Berlin – Weltstadt ohne Auto? Verkehrsgeschichte 1848-2015. Köln 1994.

Wollschlaeger, Günter: Chronik Tempelhof. Teil I: Das Tempelhofer Feld. Berlin 1987.

Wollschläger, Paul: Der Bezirk Tempelhof. Eine Chronik in Geschichten und Bildern. Berlin 1964.

Wronsky, Martin: Aufbau der deutschen Handelsluftfahrt. In: Zehn Jahre deutsche Geschichte 1918-1928. Berlin o.J.(1929), S.299-310.

Personenregister:

Deutschland hat eine große Luft- und Raumfahrtgeschichte. Viele Stätten erinnern noch heute an Pioniere, allen voran an den ersten Flieger Otto Lilienthal. Sein Fliegeberg in Berlin-Lichterfelde ist eine von vielen noch vorhandenen Stätten, die man aufsuchen kann. Nicht immer ist es ein Objekt dieser Größe. So erinnert im bayrischen Puchheim nur noch ein kleines Denkmal an einen der ersten deutschen Flugplätze. Nicht wenige solcher Stätten sind im Verlauf der Jahrzehnte überbaut und vergessen worden.

Die Gesellschaft zur Bewahrung von Stätten deutscher Luftfahrtgeschichte e. V. (GBSL) hat es sich zur Aufgabe gemacht, solche Stätten zu bewahren oder zumindest die Erinnerung an sie wachzurufen. Über 3.000 Stätten der Luft- und Raumfahrt wurden seit 1991 in einem »Katalog historischer Stätten deutscher Luft- und Raumfahrt« zusammengetragen. Er enthält eine Reihe von Grundaussagen, die in einer längeren Arbeitsperiode erweitert und untersetzt werden. In ihm sind auch heutige Flugplätze aller Art, Fertigungsstätten usw. erfaßt. Schon manche von ihnen sind seit Beginn der Arbeit geschlossen worden und somit bereits ein Stück Geschichte.

In zwei Faltplänen für Deutschland-Nord und Deutschland-Süd, hergestellt vom Verwaltungs-Verlag München, wurden die Ergebnisse dieser Arbeit in attraktiver Form für die Öffentlichkeit aufbereitet. Diese Karten fassen Stätten zusammen, die heute noch vorhanden sind: Plätze, Gebäude, Museen, Gedenksteine. Viele Flugplätze sind in Betrieb, dort wird geflogen – vom internationalen Flughafen bis zum Segelflugplatz. Die Karten versuchen, einen möglichst umfassenden Überblick zu geben. Was vor Ort zu besichtigen ist, unterscheidet sich in Umfang und Informationsmöglichkeiten. Doch die Spur ist gelegt.

Die GBSL ist ein gemeinnütziger Verein, der 1991 mit dem Ziel gegründet wurde, traditionsreiche Stätten der Luft- und Raumfahrtgeschichte zu erhalten oder die Erinnerung an sie zu bewahren. Der Verein organisiert Ausstellungen, Vorträge und andere Veranstaltungen, gibt Publikationen heraus und betreibt an seinem Sitz in Berlin-Schönefeld ein luftfahrthistorisches Archiv und eine Bibliothek.

Die beiden Faltpläne können zum Stückpreis von 9,80 DM (im Paar 17,50 DM) direkt von der GBSL bezogen werden.